# Meine Lieblingsausflüge

# Bayerischer Wald

**30 Entdeckertouren zu malerischen Städten und Landschaften**



J. BERG

6 Gipfelerlebnis Lusen

# Inhalt

21 Am Bayerischen Pfahl

12 Buchberger Leite und Gabreta

24 Radeln rund um Bad Kötzting

# Tourenüberblick

| | | Tour | km | | | | | | | | |
|---|---|---|---|---|---|---|---|---|---|---|---|
| 1 | ● | Im Urwald am Schwellgraben | 4 | 100 | 1.30 | ● | ● | | | | ● |
| 2 | ● | Überraschung Ludwigsthal | 2,5 | 70 | 1 | ● | ● | ● | | | ● |
| 3 | ● | Mit Rad in den Nationalpark | 38,5 | 600 | 4.45 | ● | ● | | ● | | |
| 4 | ● | Großer Falkenstein | 12 | 580 | 4 | ● | | ● | | | ● |
| 5 | ● | Der Große Rachel | 11 | 520 | 4 | ● | | | | ● | ● |
| 6 | ● | Gipfelerlebnis Lusen | 13,5 | 600 | 5.30 | ● | | | | | ● |
| 7 | ● | Neuschönau naturnah | 1,5–7 | 50–160 | 0.30–2.30 | ● | ● | ● | | | ● |
| 8 | ● | Idyll am Reschbach | 10,5 | 330 | 3.30 | ● | ● | ● | | | |
| 9 | ● | Drei-Länder-Radtour | 52 | 660 | 6–7 | ● | | ● | ● | | |
| 10 | ● | Dreiländereck zu Fuß | 8,5 | 260 | 3.15 | ● | ● | | | | |
| 11 | ● | Von Waldkirchen in den Sauwald | 5,5<br>1 (zu Fuß) | 130<br>60 | 1.45<br>0.30 | ● | ● | ● | | ● | |
| 12 | ● | Buchberger Leite und Gabreta | 9/10 | 180 | 3.15 | ● | ● | ● | | | |
| 13 | ● | Das Beste von Passau | 4<br>(zu Fuß) | – | 5–7<br>(komplett) | ● | ● | ● | | ● | ● |
| 14 | ● | Zwischen Ilz und Donau | 5<br>10 (zu Fuß) | 40<br>160 | 1.15<br>2.45 | ● | ● | ● | | ● | |
| 15 | ● | »Tour de Barock« | min. 45<br>(Auto) | – | 4–6<br>(komplett) | ● | ● | ● | ● | ● | |
| 16 | ● | Im Lallinger Winkel | 2,5<br>2 (zu Fuß) | 100<br>100 | 1<br>0.45 | ● | ● | ● | | | |
| 17 | ● | Der Breitenauriegel | 13 | 370 | 4 | ● | ● | ● | | | ● |
| 18 | ● | Höhepunkte bei Regen | 1<br>2,5 (zu Fuß) | 40<br>100 | 0.30<br>1 | ● | ● | ● | | ● | |
| 19 | ● | Das Beste der Glasstraße | 34<br>(Auto) | – | 6–9<br>(komplett) | ● | ● | ● | | ● | |
| 20 | ●● | Rund um den Arber | 15<br>2<br>2<br>1,5 | 800<br>100<br>20<br>20 | 5.30<br>1<br>1<br>0.45 | ● | ● | ● | | | ● |
| 21 | ● | Am bayerischen Pfahl | 3 | 100 | 1 | ● | ● | ● | | ● | |
| 22 | ● | Der Waldwipfelweg | 2 | 40 | min. 2 | ● | ● | ● | | ● | |
| 23 | ● | Kreuzweg auf den heiligen Berg | 1,75 | 100 | 0.45 | ● | ● | ● | | ● | ● |
| 24 | ● | Radeln rund um Bad Kötzting | 30 | 450 | 4 | ● | ● | ● | ● | ● | |
| 25 | ● | Räuberhöhle unterm Kreuzfelsen | 7,5 | 340 | 3.15 | ● | ● | ● | | ● | |
| 26 | ● | Grenzgang im Künischen Gebirge | 11 | 550 | 4.45 | ● | | | | | ● |
| 27 | ● | Ab Ossersattel empor | 6 | 410 | 2.45 | ● | ● | | | ● | |
| 28 | ● | Am Drachensee | 5<br>10,5 | 20<br>80 | 2<br>1 | ● | ● | ● | ● | ● | |
| 29 | ● | Trip ins Mittelalter | 42<br>(Auto) | – | 5–7<br>(komplett) | ● | ● | ● | | ● | |
| 30 | ● | Von der Hölle zum Schlosspark | 4 | 90 | 1.30 | ● | ● | ● | | ● | ● |

# Vorwort und Einführung

## Unbeschwert übers »grüne Dach Europas«

Genussvoll wandern, aktiv Radfahren, altbayerische Lebensart auf Autotrips entdecken sowie erfrischende Bäder nehmen und gemütlich einkehren – alle, die darauf Lust haben, finden in diesem Buch garantiert die passenden Tipps. Das ist auch kein Wunder, denn das Mittelgebirge im Südosten Deutschlands bietet über seine Waldwildnis hinaus eine bunte Palette lohnenswerter Ziele und gilt zur Freude von Urlaubern als preisgünstig. Die vorgestellten Touren spiegeln das alles und noch viel mehr wider und lotsen zielsicher vom Dreiländereck bis zum Nationalpark, von der Hölle bei Falkenstein bis zum heiligen Berg an der Donau.

Lassen Sie uns gemeinsam die klassischen Gipfel auf den attraktivsten Wanderrunden erobern. Großräumig entdecken wir den Bayerwald auf Radtouren – ob mit sportlichem Mountainbike, bewährtem Drahtesel oder hilfreichem E-Bike. Natürlich erfahren Pedalritter, wo es passende Untersätze zu leihen gibt. Darü-

Romantische Plätze zum Verweilen finden sich im Bayerwald vielerorts.

ber hinaus widmen wir uns himmlischen Höhepunkten sakraler Kunst, etwa auf den Spuren der Gebrüder Asam, sowie weltlichem Handwerk wie dem Glasblasen. Zudem verrate ich Ihnen,

Alte Triftspeicher laden zu einer geruhsamen Rast ein.

wo die herrlichsten Bäder und Seen versteckt liegen. Das Thema Einkehr kommt in diesem Buch auch nicht zu kurz. So spüren wir bereits zum Auftakt (Tour 1) sowohl das älteste als auch das am schönsten gelegene Wirtshaus im Nationalpark auf.

Was die vorgestellten Touren anbelangt, entspricht die Zeitangabe der Netto-Geh-/Fahrzeit ohne Pause. Um das Planen zu erleichtern, wird zwischen leichten, mittelschweren und schwierigen Touren unterschieden. Für Wanderungen bedeutet das: leicht = kürzere Tour mit überschaubarer Steigung, die kaum Trittsicherheit erfordert; mittelschwer = Tour mit Auf- und Abstieg, die eine gewisse Ausdauer, Kondition und passagenweise Trittsicherheit erfordert; schwierig = Kondition und/oder Trittsicherheit werden vorausgesetzt, es geht sportlich auf und ab. Bei alledem sollten wir uns vor Augen führen: Der Bayerwald ist kein alpines Terrain, sondern ein Mittelgebirge – nicht mehr, aber auch nicht weniger.

## Ans Ziel gelangen

Am bequemsten erreichen Autofahrer die Startpunkte der Touren. Die Anreise mit den öffentlichen Verkehrsmitteln (Bus & Bahn) wird angeführt, wenn klare Verbindungen bestehen. Wer bereits bei der Anreise auf den Zug setzt: Den Bayerwald erreichen Bahnfahrer am besten via Plattling (ICE-Halt), nur die Chamer Region via Schwandorf. Vor Ort empfiehlt sich im Hinteren Bayerwald für Mehrfahrten das Bayerwald-Ticket. Es verbindet das regionale DB- und Bus-Angebot (RBO) inklusive Waldbahn und Nationalparkbussen für einen Tag (Mo–Fr erst ab 8 Uhr) zum günstigen Festpreis; Näheres unter www.bayerwald-ticket.com. Aufgepasst: Gästekarten mit GUTi-Logo gelten in rund 20 Gemeinden als kostenfreies Bayerwald-Ticket. Wo im Nationalpark Bayerischer Wald im Sommer Autos ausgesperrt bleiben, verkehren »Igelbusse« (Achtung: neues Routen-/Zeitkonzept ab 2019!).

### Ratgeber vor Ort

Offizielle Infos liefert der Tourismusverband Ostbayern unter Tel. 0941/585390 und im Internet unter www.ostbayern-tourismus.de. Die Kontaktdaten lokaler Infostellen verrät der Service-Kasten bei den jeweiligen Touren.

## Bayerwald samt Nationalpark erkunden

Die Einheimischen unterscheiden am liebsten zwischen dem donaunahen Vorderen Wald und dem Hinteren Wald an der Grenze zur Tschechischen Republik. Die in diesem Buch verwendete Einteilung in den Unteren, Mittleren und Oberen Bayerwald ist weniger gebräuchlich, aber aufgrund der geografischen Nähe der einander zugeordneten Touren von praktischem Nutzen. Zwischen Unterem und Mittlerem Bayerwald liegt an der Grenze zur Tschechischen Republik der älteste Nationalpark Deutschlands.

Der Nationalpark Bayerischer Wald erstreckt sich über 24 000 Hektar. Das entspricht rund 35 000 Fußballplätzen. Auf weit über der Hälfte dieses Terrains wird auf Eingriffe durch Menschenhand bewusst verzichtet. »Natur Natur sein lassen« lautet die Devise, die ganz den natürlichen Zyklen vertraut, selbst dort, wo Borkenkäfer oder Windwurf den Fichtenwald arg lichten. Wer geschädigte Waldflächen im Auge behält, sieht aus dem vermeintlichen Totholz gesunden Mischwald hervorsprießen. So respektieren positiv Gesinnte die Launen der Natur und freuen sich über Blicke in die Ferne, wo früher der Bayerwald vor lauter Bäumen nicht zu sehen war. Außerhalb der zentralen Naturzone des Nationalparks werden Fichten, die der Borkenkäfer befällt, ohnehin aufgearbeitet oder handentrindet. Nicht verwechseln sollte man den Nationalpark mit dem Naturpark Bayerischer Wald. Dieses großräumige Schutzgebiet darf nämlich land- wie forstwirtschaftlich genutzt werden.

Uriges Fläschchen für Schnupftabak im Glasmuseum Frauenau

## Grenzerfahrungen in steinreicher Waldlandschaft

Kaum zu glauben, aber Bayer- wie Böhmerwald entsprechen schlicht und ergreifend den Überresten eines 600 Millionen Jahre alten Riesengebirges mit ursprünglich 5000 Meter hohen Gipfeln. Der widerstandsfähigste Teil der urzeitlichen Böhmischen Masse, der heute herausragt, besteht aus Gneis, dem erdgeschichtlich jüngeren Granit sowie Glimmerschiefer. Als geologische Besonderheit gilt ein fast 150 Kilometer langes Quarzriff zwischen Vorderem und Hinterem Bayerwald: der Pfahl.

Zusammen mit dem Böhmerwald (tschechisch: Šumava) bildet der Bayerwald das größte zusammenhängende Waldgebirge in Mitteleuropa. Es charakterisieren Bergfichtenwald und Bergmischwald sowie Aufichtenwald. Die Dominanz der Fichte geht vielerorts auf Menschenhand zurück. Als naturnahe Kulturlandschaften erfreuen ehemalige Hochweiden sowie Klausen für die einstige Holztrift, von Einheimischen »Schachten« und »Schwellen« genannt.

**»Mit unwiderstehlicher Gewalt zieht es mich Jahr für Jahr in dieses Land.«**

**Alfred Kubin, Schriftsteller (1877-1959)**

Begleiten Sie mich auf meinen 30 schönsten Lieblingsausflügen und genießen Sie die ursprüngliche Natur sowie die weiß-blaue Kunst des Lebens. Picken Sie sich einfach Ihre persönlichen »Etappen-Rosinen« ganz nach Gusto heraus gemäß der bayerischen Volksweisheit: »Es gibt nix Bessas wia wos Guads.«

Viel Vergnügen wünscht
*Ihr Herwig Slezak*

Blick vom Hochschachten hinaus aus dem Nationalpark zum Großen Arber (rechts hinten).

Unterwegs im
Nationalpark
Bayerischer Wald

# 1 Im Urwald am Schwellgraben

## Zu zwei besonderen Wirtshäusern

leicht | 4 km | 100 Hm | 1.30 Std.

**Tourencharakter**
Beliebter Spaziergang am Rand des Nationalparks auf weitgehend ebener Runde auf breitem, schattigem Kiesweg sowie Forststraße und Urwaldpfad

**Ausgangs/-Endpunkt**
Wanderparkplatz Brechhäuselau

**Geokoordinaten**
49.096646, 13.237565

**Anfahrt**
Auto: Zwischen Zwiesel und Bayerisch Eisenstein von der B11 nach Zwieslerwaldhaus abbiegen, dort am Ortsende links auf der Zollhausstraße bis vor zur Deffernik
Bus: Falkenstein-Bus bis Altes Zollhaus

**Einkehr**
Schwellhäusl, Zwieseler Waldhaus

**Karte**
Kompass Nr. 195, Nördlicher Bayerischer Wald; 1:50 000

**Information**
Tourist-Information Lindberg, Tel. 09922/1200, www.gemeinde-lindberg.de; Schwellhäusl, Tel. 09925/460, www.schwellhaeusl.de

**Inmitten eines malerischen Idylls begeistert die am schönsten gelegene Einkehr im Nationalpark: das Schwellhäusl. Auf dem Rückmarsch geht es durch den wildwüchsigen Hans-Watzlik-Hain. Dieser dichte Urwald begeistert ebenso wie die älteste Gaststätte im Bayerwald nahe dem Startpunkt.**

Vom Parkplatz Brechhäuslau marschieren wir zunächst durch eine Senke über die Große Deffernik hinweg. Im Uhrzeigersinn führt uns der »Schwarzstorch« auf dem Schwellsteig an der linken Seite des ehemaligen Triftkanals entlang. Dem schattigen Weg durch die grüne Hölle folgen wir stromabwärts bis zur Lichtung am Schwellhäusl. Wie anno dazumal füllt der Schwellbach den dortigen Triftspeicher. Mittels der reißenden Kraft des Wassers transportierten die »Waidler« einst Baumstämme.

Das herrlich gelegene Waldgasthaus mit seinem Giebeltürmchen gehört seit 1870 der Familie Lettenmaier und heißt auch Trifter-Klause. Vor dem Holzhaus lockt ein Biergarten an sonnigen Wochenenden viele Gäste an. Daneben spiegeln sich im Wasser

### Einkehrtipp

Wer will, besucht zum Abschluss die älteste Einkehr im Bayerwald: das Zwieseler Waldhaus in der Mitte des gleichnamigen Orts. Anmarsch: Vom Parkplatz Brechhäuslau in Richtung Dorf zum Parkplatz Zollhausstraße, dort rechts entweder flott 400 m den Asphalt entlang oder – schöner, aber doppelt so lang – vor der Straße rechts der Markierung »Ameise« folgen (siehe gestrichelte Linie auf der Karte). In diesem Fall biegen wir 400 m weiter gemäß Pfeil zur »Ortsmitte von Zwieslerwaldhaus« nach links sowie an der Straße angekommen rechts ab.

mächtige Fichten. Der menschliche Nachwuchs freut sich über den Spielplatz und das Streichelgehege.

Eine zünftige Einkehr: das bewirtschaftete Schwellhäusl

Da die Markierung »Schwarzstorch« als Runde angelegt ist, beginnen wir den Rückweg auf einer Forststraße. Auf der zweiten Streckenhälfte weisen rechts im Wald zurückversetzte Schilder den Einstieg in den Hain, der nach dem Heimatdichter Hans Watzlik benannt ist. Durch seine naturnahe Wildnis schlängelt sich ein unmarkierter, jedoch klar ersichtlicher Pfad parallel zur Forststraße. Kolossale, bis zu 400 Jahre alte und 50 Meter hohe Tannen säumen den Urwalderlebnisweg. Zudem fügen sich vom Sturm geknickte Stämme, morsche Stümpfe und vermodertes Wurzelwerk dem Lauf der Natur. Kurz hinter dem Ende des Hains treffen wir auf den Anfang des Schwellsteigs. Über die Deffernik-Brücke hinweg erreichen wir am anderen Ufer unseren Ausgangspunkt.

**»Unter der ältesten Tanne Europas im Hans-Watzlik-Hain können sich Paare sogar trauen lassen.«**

**Ludwig Lettenmaier, Schwellhäusl-Wirt**

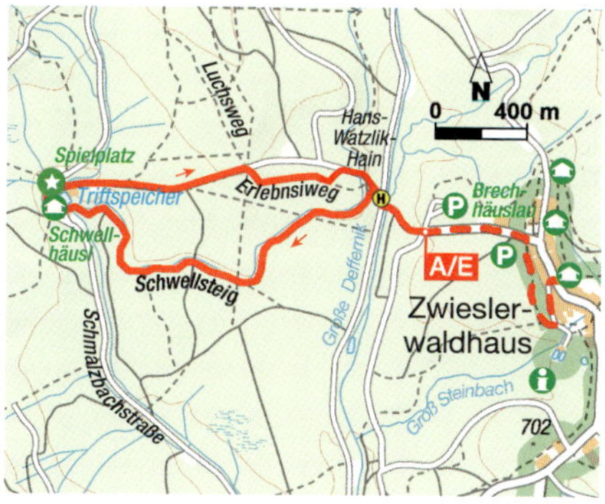

# 2 Überraschung Ludwigsthal

## Wildtiere und ein sakrales Juwel

leicht | 2,5 km | 70 Hm | gut 1 Std.

**Tourencharakter**
Am Nationalparkzentrum breiter, gekiester Rundweg, der erst durch lichtes, dann durch schattiges Terrain führt

**Ausgangspunkte & Geokoordinaten**
Parkplatz Nationalparkzentrum (1 €/Std., 5 €/Tag): 49.060417, 13.236210; Gratis-Parkplatz Schleicher 200 m hinterm Waldhäusl (800 m Anmarsch): 49.060281, 13.253764; Parkplatz Kirche: 49.057095, 13.235716

**Anfahrt**
Auto: B11 Zwiesel–Bayerisch Eisenstein nach Ludwigsthal zum Parkplatz Nationalparkzentrum bzw. bei der Kirche
Bus/Bahn: Falkenstein-Bus und Waldbahn

**Einkehr**
Biogastronomie im Haus zur Wildnis, Waldhäusl am Ende der Schleicherstraße (Mo geschl.)

**Karte**
Kompass Nr. 195, Nördlicher Bayerischer Wald; 1:50 000

**Information**
Haus zur Wildnis, Tel. 09922/ 50020, www.nationalpark-bayerischer-wald.de

**Zwischen Zwiesel und der tschechischen Grenze überrascht das Örtchen Ludwigsthal immer wieder aufs Neue. Es begeistern das Tierfreigelände am Nationalparkzentrum Falkenstein inklusive Steinzeithöhle sowie die Herz-Jesu-Kirche mit neuromanischen Malereien und Mosaiken. Nichts wie hin!**

Wer der einstigen wie heutigen Tierwelt im Bayerwald nachspüren will, unterquert vom Parkplatz am Nationalparkzentrum die Waldbahn-Unterführung. Dahinter geht es nach rechts, um den »Rundgang Wildtiere« gegen den Uhrzeigersinn zu meistern. Die erste Attraktion bildet eine nachgebildete Steinzeithöhle mit Wandmalerei, deren Original sich in Südfrankreich befindet. Danach begegnen uns mit etwas Glück grasende Urrinder sowie Wildpferde. Die Vierbeiner genießen viel Freiraum, was bedeutet, dass sie sich zurückziehen können.

Als Höhepunkt folgt der Aussichtsturm bei den Wölfen. Mehr Aufmerksamkeit als gewünscht erregte Isegrim im Jahr 2017, als sechs von neun Vierbeinern aus dem Gehege ausbüxten. Nur ein Weibchen kehrte zeitnah zurück. Bedenklich war, dass sich die entlaufenen Tiere weit weniger scheu verhielten, als es ihre Artgenossen in freier Wildbahn gewöhnlich tun.

Zurück zum Tierfreigelände: Zu guter Letzt schreiten wir auf einer langen Holzbrücke über das Wolfsgehege hinweg nach rund einer Dreiviertelstunde zum Haus zur Wildnis (bis 8. Nov. tgl. ab 9 Uhr). Das Infozentrum versteht

Steht Besuchern seit 2006 offen: das Haus zur Wildnis

sich als überdachte Freifläche. Die Ausstellung vermittelt interaktiv, wie sich Wälder in Wildnis wandeln. Die angeschlossene Gaststätte überrascht mit regionalen Biogerichten. Weiter gegen den Uhrzeigersinn erreichen Spaziergänger zunächst das Luchsgehege (Fütterung außer Mi ab 14.30 Uhr, Fr ab 13 Uhr) sowie in etwa 20 Gehminuten den Parkplatz.

Herz-Jesu-Kirche Direkt an der Bundesstraße in Ludwigsthal steht ein verspielt wirkendes Gotteshaus. Ende des 19. Jahrhunderts entwarf es Johann Baptist Schott im historisierend-neuromanischen Stil. Im schummrigen Inneren der Herz-Jesu-Kirche überraschen gänzlich bemalte Wände mit Bildern zur christlichen Heilsbotschaft. Diese stammen von Franz-Xaver Hofstötter. Ebenso zeichnet dieser Maler für Fenster, Altar sowie byzantinisch anmutende Glasmosaike verantwortlich. Mit Sicherheit bekommen Gläubige wie auch Kunstinteressierte so etwas in Deutschland nur selten zu Gesicht.

# 3 Mit Rad in den Nationalpark

## Zwischen Zwiesel und Buchenau

mittel | 38,5 km | 600 Hm | 4.45 Std.

**Tourencharakter**
Sportliche Tour auf asphaltierten Radwegen sowie Forststraßen und Feldwegen, Zwischenstücke auf Nebenstraßen, viel Auf und Ab; Markierung: Schleicher–Kamm hinter Buchenau »Nationalpark-Radweg«; Kamm–Pochermühle Nr. 5, bis Zwiesel Nr. 1; B11-Radweg Pfeil »Eisenstein«; B11-Abzweigung–Schwellhäusl–Zwieslerwaldhaus Nr. 2; Zwieslerwaldhaus–Schleicher Nr. 7

**Ausgangs/-Endpunkt**
Parkplatz Schleicher

**Geokoordinaten**
49.060281, 13.253764

**Anfahrt**
Auto: Nach Schleicher von der B11 zwischen Zwiesel und Bayerisch Eisenstein in Ludwigsthal gemäß Pfeil abbiegen

**Einkehr**
Waldgaststätte Scheuereck (Mo/Di geschl.), Zum Latschensee Buchenau, Schwellhäusl, Zwieseler Waldhaus und Waldgasthof, Waldhäusl Schleicher (Mo geschl.)

**Karte**
Kompass Nr. 195, Nördlicher Bayerischer Wald; 1:50 000

**Information**
Tourist-Info Zwiesel,
Tel. 09922/840523,
www.zwiesel-tourismus.de

**Wer radelt, erlebt die Natur intensiv. Auf dieser bunten Runde schnuppern Pedalritter in den Nationalpark hinein. Angesteuert werden Scheuereck, Buchenau und – optional – das Schwellhäusl und Zwieslerwaldhaus. Vor Zwiesel erfreut die forst- und viehwirtschaftlich geprägte Landschaft.**

Hand aufs Herz: Der Einstieg in diese Runde ab Schleicher hat es in sich. Denn von hier strampeln wir auf dem »Nationalpark-Radweg« (bis Spiegelhütte auch Nr. 14) sanft, aber stetig fast sechs Kilometer lang bergan. Mit einem E-Bike lassen sich die 170 Höhenmeter natürlich leichter meistern... Bereits hinter Kreuzstraßl mündet der Asphalt in eine Forststraße, die sich in weiten Bögen bergwärts schlängelt. Zuletzt schlagen wir einen Haken und queren die Brücke über den Kolbersbach, dessen

munteres Rauschen uns schon länger begleitet. Nach insgesamt rund einer Stunde erreichen wir auf einer Lichtung die Gaststätte und das Hirschgehege in Scheuereck am höchsten Punkt der Tour (785 m).

Nicht nur bei Zwiesel: Mountainbikes sind im Bayerwald beliebt.

Von Scheuereck geht es kurz auf Asphalt talwärts. Achtung: Nur 500 Meter weiter bitte gemäß Markierung halb links auf die Forststraße wechseln! In Spiegelhütte folgen wir weiter dem weiß-grünen Schild »Nationalpark-Radweg« geradewegs auf Asphalt am hölzernen Stephanus-Kirchlein vorbei. Oberhalb der Ortschaft beginnt der Radweg separat neben der Kreisstraße zu verlaufen. In Buchenau biegen wir links ab, radeln mitten in den Ort hinein und passieren den Trinkwasser-Brunnen sowie den Gasthof zum Latschensee. Unmittelbar hinter dem Schloss dürfen wir die Abzweigung nach links

## Fleißaufgabe

Wer noch Kraft und Zeit übrig hat, folgt vom Kamm hinter Buchenau dem »Nationalpark-Radweg« bis hinunter zur Trinkwassertalsperre und umrundet diese am besten zunächst geradewegs an der »Dammkrone Nord« entlang. Am Südostufer radeln wir 500 m bergan, ehe es nach rechts zurückversetzt im Wald auf Asphalt an der »Dammkrone Süd« zurück zur Talsperre geht. Diese wird gequert und auf bekannter Strecke wird zurück zum Kamm gestrampelt (siehe gestrichelte Linie auf der Karte/8 km).

nicht verpassen! Sodann steht eine bezaubernde Allee Spalier. Dahinter heißt es, auf holprigem Forstweg zur Kammlage hochzutreten. Unmittelbar vor dem höchsten Punkt wechseln wir zu »Radtour Nr. 5« und biegen deshalb scharf nach rechts ab.

Auch in Buchenau wartet eine Raststation.

Unser Abschnitt von Route Nr. 5 besteht aus einigen Steigungen und teils knackigen Abfahrten. 500 Meter nachdem die Forststraße in Asphalt mündet, treffen wir in Pochermühle geradewegs auf eine Straßenkreuzung (unmittelbar zuvor verlassen wir Nr. 5, wo diese scharf nach links knickt). In Pochermühle biegen wir links ab und sausen schließlich auf der geteerten Straße den Ort hinab.

## Räder ausleihen

Passende Untersätze verleihen in Zwiesel Radsport Leitl, Tel. 09922/80 21 57 (1,5 km bis Theresienthal zum B11-Radweg), Intersport Huber, Tel 09922/50 10 10 (nur E-Bikes) und Sporrer Technik, Tel. 09922/13 18 (jeweils 3 km bis Theresienthal).

Es folgt Oberzwieselau. Nachdem wir das dortige Schloss rechts liegen lassen, folgen wir dem Pfeil nach rechts durch Unterzwieselau hindurch (auch Nr. 1/»Durandl-Tour«). Kurz vor Ortsende biegen wir gemäß Markierung links ab, um sogleich halb links auf den hübschen Feldweg zu wechseln. Dieser führt zwischen Fischweihern und saftigen Wiesen hindurch. Inmitten der herrlichen Landschaft reicht der freie Blick bis zu den beiden höchsten Gipfeln im Bayerwald, dem Großen Rachel (1453 m) im Osten und dem Großen Arber (1456 m) im Nordwesten.

Vor Zwiesel erreichen wir erneut Asphalt. Ab Höhe der B11 folgen wir den Pfeilen Richtung »Eisenstein«. Diese lotsen auf separaten Radwegen an der Bundesstraße entlang. Bei Theresienthal (B11 »Zwiesel Nord«) erreichen wir den tiefsten Punkt der Tour (580 m). Aktive mit Leihrad (siehe Kasten) steigen hier in die Runde ein. In Richtung »Eisenstein« begleitet uns das Brummen der Motoren sowie das Plätschern des Großen Regens. Am Ortseingang von Ludwigsthal orientieren wir uns hinter der Brücke über den Kolbersbach von der B11 weg. Nun verläuft unsere Route neben dem örtlichen Schloss halb rechts bergan direkt durch die beschauliche Siedlung hindurch. Abkürzung: Wer sich zwölf Kilometer sparen will, folgt beim Schloss dem orangefarbenen Pfeil »Schleicher 1 km« (siehe gestrichelte Linie auf der Karte).

Die Waldgaststätte Scheuereck lockt Durstige und Hungrige an.

Am Ortsende von Ludwigsthal wechseln wir von der Asphalt- auf eine Forststraße und lassen den Parkplatz zum Wildfreigelände links liegen. Bei der folgenden großen Abzweigung stoßen wir zum letzten Mal auf die B11. Von jetzt an halten wir uns an die Schilder der »Radtour Nr. 2« und biegen nach rechts in Richtung Zwieslerwaldhaus ab. Nur 300 Meter weiter weist Nr. 2 halb links zur Forststraße in Richtung Schwellhäusl. Die 3,5 Kilometer lange Route zu dieser reizenden Einkehrstation (siehe auch Tour 1) steigt zum Glück nur sanft an. Ungetrübt plätschert uns der Schmalzbach entgegen.

Vom Schwellhäusl setzen wir gut einen Kilometer auf der bekannten Forststraße zurück. Sodann weist die Nr. 2 nach links über den Schmalzbach hinweg in Richtung Zwieslerwaldhaus. Der hübsch gelegene Ort empfängt uns hinter der Brücke und den Parkplätzen an der Großen Deffernik. Vom westlichen Ortseingang folgen wir Markierung Nr. 7 durch das lang gezogene Dorf am gleichnamigen, ältesten Bayerwald-Wirtshaus vorbei. Gut 200 Meter hinter dem folgenden Waldgasthof zum Falkenstein weist Nr. 7 links zur Abfahrt nach Schleicher. An dieser Forststraße liegt auf halber Strecke ein alter Triftspeicher, der Schwellgraben. Entspannt lassen wir Reifen und Gefälle die Arbeit verrichten und schließen die Runde in Schleicher ab.

# 4 Großer Falkenstein

## Von Scheuereck via Höllbachgspreng zur Gipfelhütte

schwierig | 12 km | 580 Hm | 4 Std.

**Tourencharakter**
Im Mittelteil besonders bezaubernder, allerdings auch sportlicher Gipfelsturm; Anmarsch, Gipfelpassage und Abstieg moderat

**Ausgangs/-Endpunkt**
Waldgaststätte Scheuereck

**Geokoordinaten**
49.064654, 13.306259

**Anfahrt**
Auto:
Am einfachsten von der B11 bei Ludwigsthal in Richtung Spiegelhütte abbiegen, zuletzt ausgeschildert, alternativ via Lindberg.
Bus: Falkenstein-Bus

**Einkehr**
Schutzhaus Falkenstein, Waldgaststätte Scheuereck (Mo/Di geschl.)

**Karte**
Kompass Nr. 195, Nördlicher Bayerischer Wald; 1:50 000

**Information**
Tourist-Information Lindberg, Tel. 09922/1200, www.gemeinde-lindberg.de

**Eine der wenigen Straßen, auf der Autofahrer tief in den Nationalpark eindringen dürfen, endet in Scheuereck. Von der dortigen Ausflugsgaststätte mit Hirschgehege gelangen Wanderer in ein wildromantisches Tal. Über den Höllbach hinweg wird der Große Falkenstein (1315 m) erobert.**

Vom Parkplatz laufen wir auf der breiten Forststraße mit der Markierung grünes Dreieck (Fernwanderweg) geradewegs in Pfeilrichtung Falkenstein. In der folgenden Senke queren wir den Kolbersbach. Dahinter geht es ordentlich bergauf, zunächst auf Asphalt. Bei einer Gabelung wechseln wir gemäß Markierung halb links auf den Waldweg, ein Stück weiter in ähnlicher Art und Weise vom Waldweg auf einen breiten Pfad. Dieser führt rasch ans Ufer des meist rauschenden Höllbachs. Ein

An der Höllbachschwelle lädt eine Bank zur Rast ein.

Über den Höllbach hinweg geht es nur von Stein zu Stein.

teils steiniger Pfad leitet uns an der Ostseite des Wildwassers entlang. 20 Gehminuten stromaufwärts erreichen Wanderer die Höllbachschwelle. Die dortige 150 Jahre alte, unbewirtschaftete Hütte diente einst den Waldarbeitern als Unterschlupf.

Auf steinigem Pfad nähern wir uns dem Quellgebiet des Wildwassers, dem Höllbachgspreng. Neben dem grünen Dreieck weist uns die »Heidelbeere« über den Höllbach, den wir unterhalb der größten Kaskadenreihe von Stein zu Stein queren. Am anderen Ufer wird ein Stück zurückgesetzt. Hinter einem Rinnsal zeigt ein Pfeil nach

## Auf Hirschpirsch

Ein Katzensprung von der Waldgaststätte entfernt liegt das Rothirschgehege. Der Aussichtsbalkon an der Futterhütte sowie ein zweiter an der Zufahrt ermöglichen jederzeit die Tierschau. Alternativ begeben wir uns auf einem knapp 300 Meter langen Weg ins Gehege hinein, das insgesamt so groß ist wie 15 Fußballplätze. Die Fahrt hierher eignet sich also nicht nur für Wanderer, sondern auch für Tierfreunde, die Vierbeinern nahe sein und gemütlich einkehren wollen.

rechts zum steilen, steinigen und verwurzelten Aufstieg, dem sportlichsten Teil unserer Bergtour. Gelbgrüne Schwefelflechten auf Gneisblöcken nährten einst die Sage, hier öffne sich das Tor zur Hölle. In der Tat erleben Wanderer ein üppig-wucherndes Naturparadies. Die mächtigsten Bäume – darunter Buchen, Fichten, Tannen und Ahorn – thronen seit mehreren hundert Jahren in dem richtigen Urwald.

Nach einem kleinen Plateau folgt die letzte sportliche Passage. Danach laufen wir auf dem anfänglich gekiesten Waldweg nach links sowie im Anschluss daran im Bergfichtenwald auf einem verwurzelten Pfad. Über die geschorene Kammlage hinweg erreichen wir das Falkensteinhaus nach insgesamt wohl mehr als zwei Stunden. Davor grüßt linker Hand die Franziskuskapelle, rechts darüber thront das Gipfelkreuz. Das Schutzhaus samt Sonnenterrasse auf dem »Foikastoa« – wie die Einheimischen sagen – gehört dem Bayerischen-Wald-Verein. Durchs Panorama-

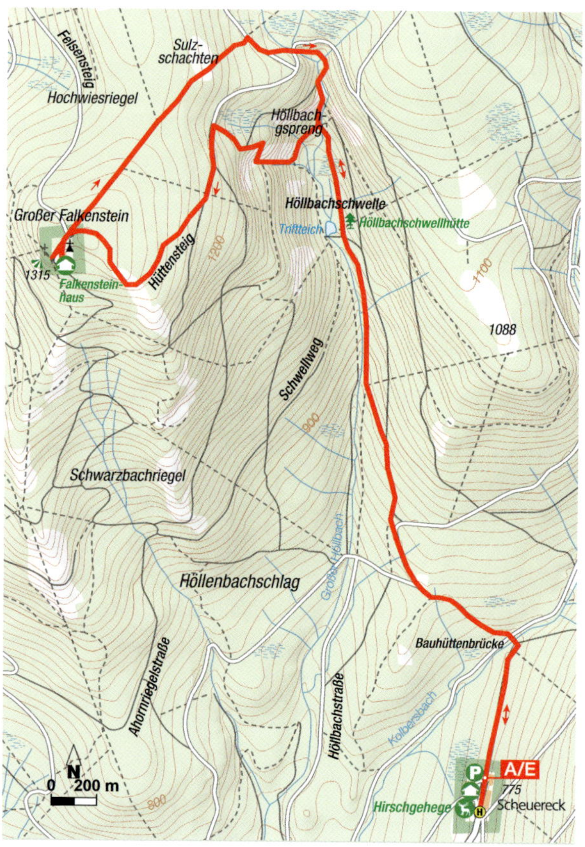

Das Gipfelkreuz auf dem Großen Falkenstein (1315 m)

fenster in der Hauptstube wandert der Blick über Zwiesel hinweg in Richtung Brotjacklriegel (1011 m) mit seiner schlanken Antenne. Vom nahen Gipfelkreuz aus scheint der Große Arber (1456 m) zum Greifen nahe.

Holzpfeile weisen den Weg.

Oben links: Muntere Kaskaden im Höllbachgspreng

Oben rechts: Die sportliche Passage hinterm Höllbach

Bergab folgen wir der Markierung »Silberblatt«. Ab der Gipfelkreuzung wechseln wir geradlinig auf den Pfad Richtung Sulzschachten. Ehe wir den rechten Rand dieser alten Hochweide passieren, lassen wir zunächst den Hochwiesriegel links liegen. Ein Stück weiter biegen wir rechts auf eine Forststraße. Keine 100 Meter entfernt weist das »Silberblatt« links zum Pfad, der zum Höllbach sowie dann abwechselnd an jeweils einem Ufer entlang führt. Nach zwei kurzen Serpentinen erreichen wir den uns bereits bekannten Knotenpunkt sowie anschließend die Höllbachschwelle. Um auf derselben Strecke wie beim Hinweg zurück zu gelangen, verlassen wir stromabwärts das »Silberblatt« bei der Gabelung, an der ein Pfeil nach links den Weg nach Scheuereck verrät.

# 5 Der Große Rachel

## Von Gfäll übern See zum Gipfel und Waldschmidthaus

schwierig | 11 km | 520 Hm | 4 Std.

**Tourencharakter**
Anfang und Ende auf einfachem Wald-/Forstweg, Gipfelpfad teils steil und steinig, vom Kreuz kompletter Rundblick

**Ausgangs/-Endpunkt**
Gfäll (dorthin fährt der Rachel-Bus 7595 ab P+R Spiegelau ab 8.35 Uhr halbstündlich, Stand 2018; einfache Strecke Erw. 2 €, 6–14 Jahre 1 €, Tageskarte inkl. Kinder bis 14 Jahre 5 €; www.bayerwald-ticket.com)

**Geokoordinaten**
48.917342, 13.355256 (P+R); 48.960639, 13.374685 (Gfäll)

**Anfahrt**
Auto: Via Frauenau od. B85 od. Grafenau od. Neuschönau; in Spiegelau von der Hauptstraße Pfeil »Rachel/Lusen/P+R« folgen
Bus & Bahn: Rachel-Bus/Ostbayernbus; Waldbahn (Busanschluss)

**Einkehr**
Waldschmidthaus (Wiedereröffnung Ende 2018)

**Karte**
Kompass Nr. 196, Mittlerer Bayerischer Wald; 1:50 000

**Information**
Tourist-Information Spiegelau, Tel. 08553/960017, www.spiegelau.de

**Den zweithöchsten Berg im Bayerwald (1453 m) erklimmen Wanderer am besten ab Gfäll. Dorthin bringt der Rachel-Bus ab Spiegelau. Umgestürzte Bäume verraten, dass wir uns im Kerngebiet des Nationalparks befinden. Der Rundweg erfordert zum Gipfel hin Puste und belohnt mit herrlicher Aussicht.**

Ab Gfäll folgen wir der Auerhahn-Markierung gegen den Uhrzeigersinn. Dergestalt geht es teils eben, teils sanft auf und ab auf einem breiten und lichten Waldweg über die Schwarzach hinweg in Richtung Rachelsee. Auf Höhe der Schutzhütte Feistenberg umrundet unser Pfad über Stock und Stein den Steinkopf. Nach insgesamt rund 45 Gehminuten biegen wir links in eine Forststraße ein und folgen ihr knapp eine Viertelstunde. Erst über den Seebach hinweg, dann an ihm entlang verläuft der an-

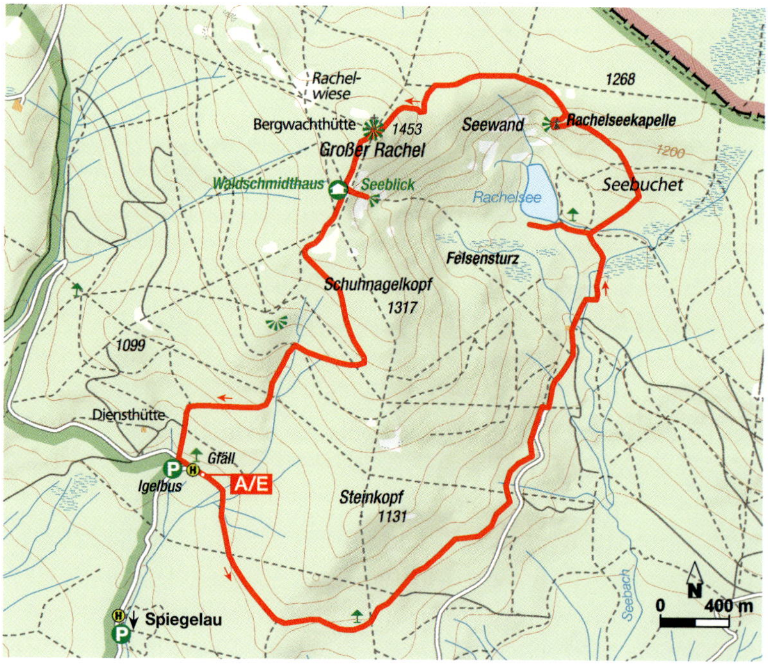

Das Waldschmidthaus vor der Sanierung im Jahr 2018

fänglich gekieste Weg bergwärts zum reizvollen Rachelsee, dem einzigen Natursee innerhalb der Grenzen des Nationalparks Bayerischer Wald.

Das 13 Meter tiefe Gewässer verdanken wir der letzten Eiszeit, die vor rund 12 000 Jahren endete. Dass es im See keine Fische gibt, erklärt die Sage mit dem Schlag der Höllenuhr. Biologen hingegen verweisen auf sein saures Milieu. Ein Stück zurück und um die Rachelsee-Schutzhütte herum weist der »Auerhahn« in Richtung Rachelkapelle. Je höher wir steigen, desto mehr verstehen wir, warum der Gipfelpfad als »beschwerlich« gilt. Vor dem kleinen Gotteshaus mit seinem zauberhaften Seeblick geht es einige Schritte hinab, die letzten Meter steil. Das hölzerne Gebäude erbaute ursprünglich ein Forstmeister zum Dank, einmal

**»Auf dem Berg sind die Menschen zufriedener als im Tal.«**

**Caroline Jungbauer & Kurt Eibl, Ex-Wirtsleute des Waldschmidthauses**

bei Nebel an der Seewand vor dem womöglich tödlichen Absturz bewahrt worden zu sein.

Der Rachelsee ist ein Geschenk der letzten Eiszeit.

Weiter in Richtung Gipfel wirken die abgestorbenen Stämme und Stümpfe zwischen Heidelbeersträuchern und Reischgras

wie unwirkliche Skulpturen. »Natur Natur sein lassen« lautet im Nationalpark die Devise. Über eine treppenartige Passage erreichen wir die Bergwachthütte. Nur wenige Meter entfernt türmt sich am Ende des Stichwegs die zerklüftete Gipfelformation aus Gneis auf. Die Spitze des über fünf Meter großen Rachelkreuzes liegt bereits höher als der Arbergipfel, der den Großen Rachel nur um schlappe drei Meter überragt. Der Grenze entlang in Richtung Norden grüßt von tschechischer Seite der Mittagsberg (Poledník, 1315 m). Sein heutiger Aussichtsturm diente zu Zeiten des Kalten Krieges demselben militärischen Zweck wie die kugelförmigen Radarstationen,

## Mein Badetipp

Wasserratten jeden Alters erfrischt das Naturbad Spiegelau in der Waldschmidtstraße. Wie der Name andeutet, kommt es ganz ohne Chlor aus; bei Badewetter 9–19 Uhr, Erw. 2,60 €, 7–16 Jahre 1,80 €, Familien 6 €; Tel. 0160/4673803 (Bademeister), Zufahrt ausgeschildert.

die von den Westmächten auf dem Großen Arber auf deutscher Seite im Nordwesten errichtet wurden.

Zum Waldschmidthaus steigen wir an der Bergwachthütte vorbei auf einer kurzen, fordernden Passage hinab. Aus der Ferne

sieht die Einkehr mit ihrem Wintergarten wie ein nettes Hexenhäuschen aus. Der Übernahme durch den Nationalpark im Jahr 2017 folgte die Renovierung. Seinen Namen verdankt das Haus dem Heimatdichter Maximilian Schmidt (1832–1919). Kleiner Tipp: Ein kurzer Stichweg führt vom Waldschmidthaus zu einer gesicherten Kanzel mit einem atemberaubenden Seeblick, den sich niemand entgehen lassen sollte.

Schritt für Schritt geht es vorwärts.

Links: Enten dürfen hier ein Bad nehmen.

Der Abstieg auf der Forststraße beginnt sanft. Nach gut fünf Minuten erreichen wir eine Wanderkreuzung und bleiben dem »Auerhahn« treu. Später, nach einer scharfen Rechtskurve, geht es am Lieslbrunnen vorbei schließlich überraschend sportlich bergab Gfäll entgegen. Von dort war im Jahr 2018 die zehnminütige Rückfahrt nach Spiegelau im Halbstundentakt bis 17.50 und 18.17 Uhr möglich.

# 6 Gipfelerlebnis Lusen

## Durch die ruhige Südflanke zum steinernen Meer

schwierig | 13,5 km | 600 Hm | 5.30 Std.

**Tourencharakter**
Längerer Aufstieg durch ruhigen und schattigen Bergwald, deshalb ideal für heiße Tage, Gipfelpassage licht und steinig

**Ausgangs/-Endpunkt**
Wanderparkplatz Sagwassersäge

**Geokoordinaten**
48.896848, 13.508835

**Anfahrt**
Auto: Die Sagwassersäge liegt an der Nationalparkstraße zwischen Neuschönau (3 km) und Mauth (8 km), aus Freyung/B533 in Reschmühle der Ausweisung zum Nationalpark folgen
Bus: Finsterau-Bus 6115

**Einkehr**
Lusenschutzhaus, Gasthof Euler in Neuschönau

**Karte**
Kompass Nr. 196, Mittlerer Bayerischer Wald; 1:50 000

**Information**
Nationalparkzentrum Lusen (Hans-Eisenmann-Haus), Tel. 08558/961 50, www.nationalpark-bayerischer-wald.de

**Im schattigen Bergwald am rauschenden Sagwasser entlang steigen Wanderer auf angenehm schwach frequentierten Pfaden zur Berghütte am belebten Lusengipfel (1373 m). Die Strecke zieht sich, ist aber gut zu gehen und deshalb ein wahrer Geheimtipp!**

Über die Holztreppe und den Steg hinweg marschieren wir vom Parkplatz weg und folgen der Wegweisung zum Lusen. Nur einen Steinwurf hinter dem Steg wenden wir uns nach rechts, um den unmarkierten Flößersteig direkt am Sagwasser stromaufwärts zu wandern. Den dortigen Pfeil zum Lusen ignorieren wir also (der ausgewiesene Weg führt Richtung Nationalparkzentrum, ehe sich der »Rippenfarn« nach einem Haken mit unserem Waldweg vereint).

Die anfangs dominierenden Fichten lösen nun vor allem Buchen ab. Es geht angenehm bergan, während uns rechter Hand der Gebirgsbach munter entgegenplätschert. Hinter einer kleinen Lichtung mündet der Waldweg in einen Pfad, welcher sich vereinzelt steinig und verwurzelt zeigt. Nach rund einer Dreiviertelstunde führt ein fünf Meter langer Stichweg nach rechts zu

### Aufstieg via Waldhäuser

Wer es kurz und licht mag, bezwingt den Lusen über den beliebten Sommerweg und vollendet die Runde auf dem breiten Winterweg (5 km, 280 Hm, 2 Std., Markierung »Luchs« im Uhrzeigersinn). Zum Ausgangspunkt, der Waldhausreibe, bringt der Lusen-Bus (7594), Parkplatz u. a. an der Haltestelle Waldhäuser/Fredenbrücke, Abfahrt Stand 2018 ab 8.51 Uhr stündlich, Fahrtzeit 12 Min., Erw. 2 €, 6–14 Jahre 1 €; www.bayerwald-ticket.com.

einem Kreuz, das an das traurige Schicksal des Wilderers Franz Kubitschek erinnert. Fünf Minuten später erreichen wir auf dem »Rippenfarn« die Schutzhütte an der verwilderten Sagwasserklause. Früher stauten Waldarbeiter am Erddamm das Wasser für den Holztransport, die sogenannte Trift.

Das Blockmeer am Lusen zählt offiziell zu den bayernweit schönsten Geotopen.

Im weiteren Verlauf der Tour queren wir Rinnsale, welche das Sagwasser speisen. Meere aus Farnen tauchen auf. Kurz hinter einem Holzsteg knickt der Pfad nach rechts. Fortan geht es sportlicher bergwärts. Nach rund zwei Stunden erreichen wir eine Wanderkreuzung. Vereint mit dem Goldsteig und dem grünen Dreieck (Fernwanderweg) steigen wir weiter in Richtung Lusen.

Das Blätterdach bleibt dicht, bis wir auf den beliebten Winterweg treffen. Auf dieser ehemaligen Schlittenziehbahn marschieren wir auf Splitt weiter bergauf und erreichen nach weniger als drei Stunden am Lusenschutzhaus vorbei das Steinmeer auf dem 1373 Meter hohen Gipfelkegel. Einer Sage nach soll es der Teufel hierhergeschleudert haben. Geologen hingegen sprechen bei dem natürlichen Ergebnis jahrtausendelanger Verwitterung von einem eiszeitlichen Blockmeer und zählen den Gipfel zu den 100 schönsten Geotopen in Bayern. Im Schutzhaus des Wald-Vereins lassen sich Wanderer auf der Sonnenterrasse oder in der Gaststube mit urig-schwerer Holzdecke und Kachelofen nieder. Einfache Speisen werden an der rechten, Getränke an der linken Theke abgeholt.

Beim Rückmarsch gehen wir ein Stück auf dem bekannten Winterweg bergab, biegen links in Richtung Sagwasser ab und tauchen in den Blätterwald ein. An der folgenden Kreuzung beschreiten wir Neuland und folgen nun dem »Goldsteig« in Richtung Tummelplatz. Sogleich queren wir einen Steinsteg, hurtig geht es weiter. Immer wieder säumen Heidelbeeren den malerischen Pfad. 200 Meter vor einer Lichtung mit Rastbank, Tummelplatz genannt (Abstecher gut möglich), biegen wir scharf nach rechts ab.

Immer wieder geht es über Stock und Stein.

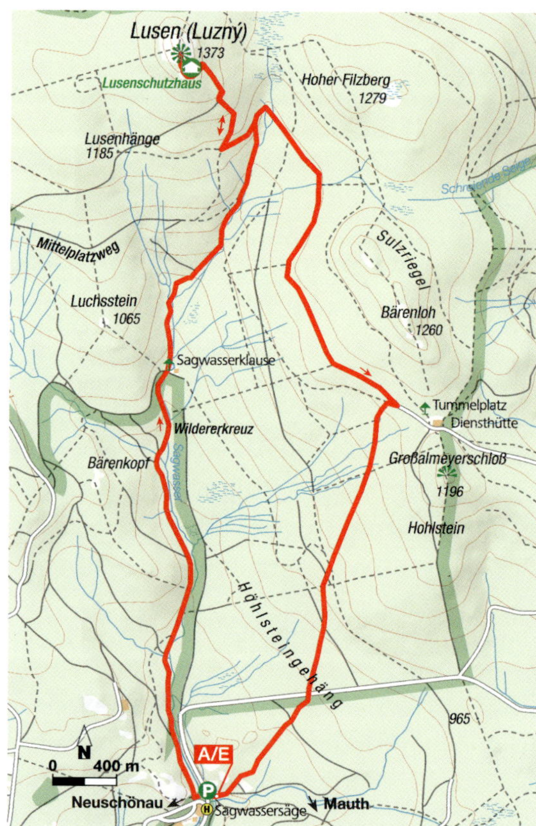

Nun folgen wir der »Arnika« in Richtung Sagwassersäge. Überraschenderweise wird der Pfad ein Stück weit zum von Menschenhand geschotterten Forstweg. Das ist im Nationalpark ungewöhnlich und liegt an fälligen Erdarbeiten im dortigen Wasserschutzgebiet. Schritt für Schritt geht es sanft und geradlinig bergab. Wo die »Arnika« auf die »Tanne« trifft, wenden wir uns nach rechts und streben zusammen mit dem Seebach dem Sagwasser entgegen. Zum Finish geht es schließlich auf Steinstufen hinab zum Parkplatz.

Unten: Blick vom Winterweg über den Mauther Forst nach Osten

## Tipp für Radfahrer

In etwa an der Grenze des Nationalparks entlang verläuft der »Nationalpark-Radweg« (Markierung »Rad«). Dieser beginnt am Grenzübergang Ferdinandsthal (Anschluss nach Tschechien) nördlich von Zwieslerwaldhaus, verläuft weiter über das Nationalparkzentrum Falkenstein, Buchenau, Spiegelau und das Nationalparkzentrum Lusen und endet nördlich von Finsterau erneut an der Grenze. Mögliche Abstecher in den Nationalpark führen Mountainbiker sogar hinauf auf den Großen Falkenstein.

# 7 Neuschönau naturnah

## Putzige Braunbären und luftiger Baumwipfelpfad

leicht | 1,5–7 km | 50–160 Hm | 0.30–2.30 Std.

**Tourencharakter**
Waldspaziergang zu den Gehegen auf breiten, geschotterten Wegen, zusätzlich Höhentrip auf dem Stelzenweg

**Ausgangspunkte & Geokoordinaten**
Gehege-Rundgang/Parkplatz Altschönau (Parken 2 €): 48.904070, 13.469313; Nationalparkzentrum Lusen (Parken 1 €/Std., 5 €/Tag): 48.891736, 13.488470

**Anfahrt**
Auto: Aus Westen über B85 und Spiegelau, aus Südwesten über B533 und Grafenau, aus Südosten über Freyung (B12/B533), aus Nordosten über Mauth; Parkplatz Altschönau gut 2 km vom Nationalparkzentrum in Richtung Spiegelau
Bus: U. a. Lusen-Bus 7594

**Einkehr**
Waldwirtschaft (SB) und Café Eisenmann (Nationalparkzentrum/Parkplatz 2), Gasthof Euler in Neuschönau

**Karte**
Kompass Nr. 196, Mittlerer Bayerischer Wald, 1:50 000

**Information**
Hans-Eisenmann-Haus, Tel. 08558/96150, www.nationalpark-bayerischer-wald.de; Baumwipfelpfad, Tel. 08558/974074, www.baumwipfelpfad.by

**Naturfreunde bekommen im Nationalparkzentrum Lusen heimische Tiere und Bäume zu Gesicht. Rundgänge durchs Freigelände gestalten sich vom Hintereingang bei Altschönau aus am spannendsten. Am Haupteingang neben dem Infocenter schweift der Blick vom »Baum-Ei« spektakulär in die Ferne.**

Das Tier-Freigelände Rund 40 Vogel- und Säugetierarten leben im rund 350 Fußballplätze großen Freigelände. Besucher erhalten einen Eindruck davon, was vor weniger als 200 Jahren im Bayerwald auf freier Wildbahn kreuchte und fleuchte. Wer den Einstieg am Parkplatz Altschönau nutzt, marschiert keine fünf Minuten später am Bärengehege entlang. Anschließend schlagen Tierfreunde einen von vier unterschiedlich langen Rundwegen ein: Die kürzeste Runde führt gegen den Uhrzeigersinn an den Käuzen vorbei und um die Bären herum (hinter dem Gehege links in Richtung Waldhäuser abbiegen, dann zurück zum Parkplatz; knapp 1,5 km/0.30 Std).
Die erste ausgeschilderte Abkürzung führt zusätzlich an Greif- und Stelzvögeln wie Milan und Storch sowie an den Wildkatzen vorbei (gut 3 km/1 Std). Anschließend geht es bei den Wildschweinen und Rothirschen mitten durch die Gehege hindurch bzw. bei kurzzeitigen Sperrungen außenrum. Dazwischen grüßt der Otter. Auf der nächstgrößeren Runde besuchen wir zusätzlich die Elche und machen einen Abstecher zu den Wölfen (5 km/gut 1.30 Std.). Oder wir meistern den gesamten, sieben Kilometer langen Gehegerundweg und erhalten so die Chance, auch noch Marder, Biber, Wisent und Luchs sowie weiterem Gefieder zu begegnen (2.30 Std.). Bei dieser Variante markieren das Infocenter samt Gastronomie sowie der Baumwipfelpfad die Halbzeitpause. Übrigens: Die geräumigen Gehege schaffen Lebensräume, die der freien Wildbahn ähneln. Die Rückzugsmöglichkeiten bringen es mit sich, dass Besucher bisweilen weniger Tiere erspähen als erhofft.

Macht einen starken Eindruck: das Braunbärengehege im Tier-Freigelände

Der Baumwipfelpfad Das barrierefreie Vergnügen zwischen dem Hans-Eisenmann-Haus und dem Haupteingang des Tier-Freigeländes begeistert alle schwindelfreien Besucher. Der bis zu 25 Meter hohe Holzweg erklärt den Wald auf sechs Info- und drei Erlebnisstationen aus der Vogelperspektive. Höhepunkt und Wahrzeichen des über einen Kilometer langen Stelzenpfades ist der 44 Meter hohe ovale Turm mit seiner überdimensionalen Wendelrampe. Einheimische nennen das gekonnt in die Landschaft eingefügte Konstrukt »Baum-Ei«; tgl. ab 9.30 Uhr, Erw. 9 €, ab 6 Jahre 7 €, Familien 21 €.

Wer vom Turm hinabsteigt, landet am Hans-Eisenmann-Haus. Dieses Nationalpark-Infocenter (bis 8. Nov. tgl. ab 9 Uhr) lädt kostenfrei ein, sich über Wald und Wildnis schlau zu machen. Neben dem Gebäude werden Pflanzen und Gesteine geballt präsentiert.

# 8 Idyll am Reschbach

## Finsterau und das Freilichtmuseum

| mittel | 10,5 km | 330 Hm | 3.30 Std. |
|---|---|---|---|

**Tourencharakter**
Wanderung durch wilde Natur eingangs auf einer Forststraße, dann auf gut zu gehenden Pfaden, Passage Siebensteinkopf steinig, Abstecher über die Grenze auf Asphalt

**Ausgangs/-Endpunkt**
Wanderparkplatz Wistlberg hinter Finsterau kurz nach dem Schullandheim

**Geokoordinaten**
48.941593, 13.570962

**Anfahrt**
Auto: Via Mauth, hinter Finsterau geradeaus in Richtung Landesgrenze bis zur Sperre für Privat-Kfz
Bus: Finsterau-Bus 6115

**Einkehr**
Hotelgaststätte Alpská vyhlídka/Alpenblick Bučina/Buchwald (CZ), Tafernwirtschaft D'Ehrn im Freilichtmuseum (Mo geschl.), Landhotel Bärnriegel Finsterau, Wirtshaus Säumerpfad Mauth mit schönem Garten (ab 17 Uhr)

**Karte**
Kompass Nr. 196, Mittlerer Bayerischer Wald, 1:50 000

**Information**
Infostelle Mauth,
Tel. 08557/973838,
www.mauth.de

**Die Gegend um Finsterau gehört zu den ruhigsten Ecken im Bayerwald. Der Ausflug zum nahen Reschbach führt in lichte, wilde Natur. Beim Abstecher über die deutsch-tschechische Grenze beglücken die böhmische Küche und ein kühles »Pivo«. Auch auf diesem Weg wächst Europa zusammen.**

Vom Wanderparkplatz Wistlberg folgen wir zunächst dem »Birkhuhn« im Uhrzeigersinn auf der Forststraße sanft bergab. Auf halber Strecke zur Alten Klause wechseln wir halb rechts auf einen schattigen Waldpfad. Kurz vor der Alten Klause verlassen

wir die »Birkhuhn«-Runde und marschieren direkt zum einstigen Triftspeicher, von dem nur noch wenige Spuren zeugen. Zugleich markiert die gemütliche Brotzeitbank den tiefsten Punkt der Tour.

Ab Alter Klause wandern wir auf dem Hauptwanderweg (»drei Bäume«) sanft bergan. Am Wegesrand blühen rosa Weidenrös-

chen sowie glockenförmiger, giftiger Fingerhut. Zunächst hören wir den Reschbach plätschern, dann marschieren wir direkt am Triftkanal entlang zum Schwellgraben. Ein wildromantischer Talkessel öffnet sich zur Reschbachklause hin. Einst von Menschenhand für den Holztransport geschaffen, liegt das Gewässer heute wie ein geheimnisvoller See da, in dessen Wasser sich Bergfichten und Baumstümpfe spiegeln.

In der Reschbachklause stauten die Waidler einst Wasser für die Holztrift.

Linke Seite: Abstecher ins tschechische Bučina/Buchwald

Jenseits der nahen Wasserscheide entspringt übrigens die Moldau. Der Quelltopf ist aber unspektakulär.

**»Rund um die Reschbachklause befindet sich eines der höchstgelegenen Biberreviere Europas.«**

**Maria Hußlein, Nationalpark Bayerischer Wald**

Hinter der Reschbachklause geht es deutlicher, aber nicht steil bergauf. Zwischen Baumskeletten und Vogelbeeren treffen wir an der deutsch-tschechischen Grenze auf eine Wanderkreuzung. Wir wenden uns nach rechts in Richtung Siebensteinkopf und erreichen in weitem Bogen die Gipfelkuppe (1263 m), welche Jahr für Jahr stärker zuwächst. Ein fünf Meter hohes Holzkreuz grüßt uns.

Der Abstieg vom Siebensteinkopf (weiter Markierung »drei Bäume«) erweist sich als mühsamste Passage. Schließlich erreichen wir nahe der Grenze Asphalt. Stümpfe bodennah abgeschnittener Bäume verraten den Übergang zwischen Nationalpark und bewirtschaftetem Wald jenseits der Straße. Wer einkehren will, wendet sich nach links und macht einen Abstecher auf Asphalt über die Grenze nach Bučina / Buchwald (keine Kontrollen, dennoch herrscht Ausweispflicht). Achtung: Radfahrer kreuzen!

Nach zehn Gehminuten taucht auf tschechischer Seite eine überraschend groß dimensionierte Hotelgaststätte mit Terrasse auf. Neben der Auffahrt rekonstruiert ein Mahnmal den »Todesstreifen«, der zu Zeiten des Kalten Krieges die Grenze undurchdringlich hielt. In den Ruinen daneben wohnten einst Sudetendeutsche, die nach dem Zweiten Weltkrieg vertrieben wurden. Heute freuen sich Hungrige auf Gulasch mit böhmischen Knödeln oder ein einfaches Wurstbrot. Freunde des Gerstensafts lockt ein kühles Budweiser, wahlweise mit zwölf oder zehn Prozent Stammwürze bzw. alkoholfrei. Euro werden akzeptiert. Bei Druck des Buchs entsprach ein Euro rund 25 Kronen. Natürlich rundet das Servicepersonal beim Umtausch zu seinen Gunsten auf. Zudem sollte man möglichst passend zahlen.

## Tipp zum Kräftesparen

Vom Wendehammer an der Grenze fährt der Finsterau-Bus 6115 zurück zum Wanderparkplatz Wistlberg; Abfahrt Stand 2018 9.00/10.50/12.10/15.50/16.50 und 18.10 Uhr; Erw. 2 €, 6–14 Jahre 1 €; www.bayerwald-ticket.com

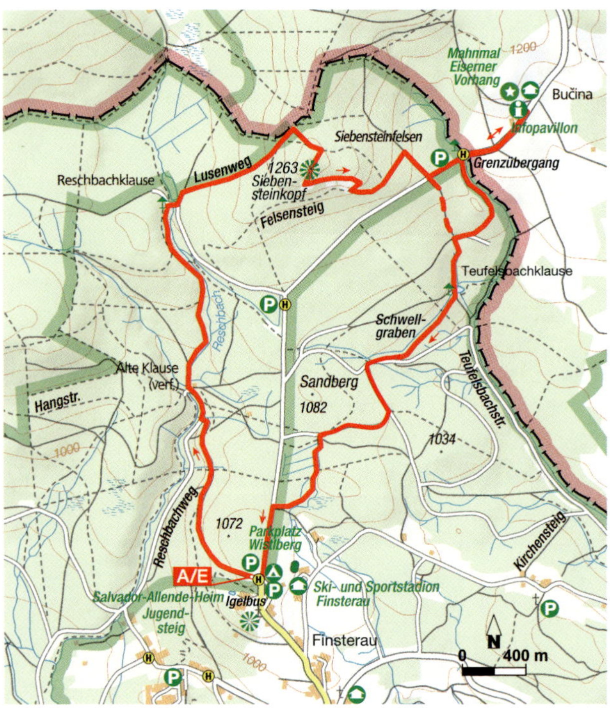


Ab Bučina / Buchwald gehen wir auf dem asphaltierten Stück nach Bayern zurück. Dort weist der Pilgerweg »Via Nova« nach links hinab zur Teufelsbachklause, deren verfallenen Triftspeicher wir auf einem schattigen Waldweg erreichen. Bei der zweiten Klausen-Kreuzung biegen wir rechts ab und marschieren am Schwellsteig stromaufwärts. Sodann verläuft die »Via Nova« mehrmals über Forstwege. Vereint mit der »Birkhuhn«-

Runde queren wir schließlich den Finsterauer Filz, ein Hochmoor. Zuletzt an der Teerstraße wenden wir uns nach links und legen auf der in Gehrichtung rechten Straßenseite die letzten 400 Meter zum Parkplatz zurück.

Ganz unten: Bezauberndes Bauernhaus im Freilichtmuseum Finsterau

Buchwalder Ruine gegenüber der heutigen tschechischen Gaststätte

Das Freilichtmuseum Wer hautnah erleben will, wie die Bayerwald-Bauern einst wohnten und arbeiteten, dreht eine Runde durchs Freilichtmuseum Finsterau. Zu sehen bekommen Besucher etwa den Kapplhof mit seinem Legschindeldach oder den malerischen Vierseithof, in dem einst Familie Petzi wohnte. Der dazwischen gelegene Tanzer-Hof erinnert betagte Besucher an die Anwesen aus ihrer Kindheit. Wer Hunger und Durst hat, nimmt in der Gaststube oder auf der Terrasse der urigen Museumswirtschaft namens D'Ehrn Platz. Nicht nur dort heißt es: Kopf einziehen, denn die Türstöcke sind nach heutigem Ermessen niedrig; Mai–Sep. 9–18 Uhr, Okt. 9–17 Uhr, Weihnachten-Apr. 11–16 Uhr; Erw. 6 €, ab 6 Jahre 3 €, Familien 12 €; www.freilichtmuseum.de.

Morgenstimmung am Rannasee
südlich von Wegscheid
(siehe Tour 11)

Unterwegs im
Unteren
Bayerischen Wald

# 9 Drei-Länder-Radtour

## Tagesausflug via Schwarzenbergkanal und Hochficht

schwierig | 52 km | 660 Hm | 6–7 Std.

**Tourencharakter**
Sportliche Radtour auf Asphalt und teils gekiesten Waldwegen, je zwei überschaubare Passagen auf grobem Schotter und engem Pfad; Markierung ganze Runde Nr. 53 (nicht immer eindeutig), zudem Nové Údolí–Kanal »rot«, am Kanal entlang »blau«, anfangs in Österreich »MTB 804«, abschließend Adalbert-Stifter-Radweg

**Ausgangs/-Endpunkt**
Haidmühle Grenzparkplatz

**Geokoordinaten**
48.828858, 13.788939

**Anfahrt**
Auto: Auf der Staatsstraße via Philippsreut oder Altreichenau, in Haidmühle Richtung Grenze

**Einkehr**
Restaurace hotelu Nové Údolí/Neutal, Imbisshütten in Jelení Vrchy/Hirschbergen und Ríjište/Hirschröhren (saisonal), Gasthof Dreiländereck Oberschwarzenberg, in Haidmühle Café Scherz und Gasthof Strohmaier (Mo/Di geschl.)

**Karte**
Kompass Nr. 197, Südlicher Bayerischer Wald, 1:50 000 (mit kleiner Lücke)

**Information**
Tourist-Info Haidmühle, Tel. 08556/19433, www.haidmuehle.de

**Von Haidmühle steuern wir einen alten böhmischen Triftkanal an. An dessen Ufer schlängeln wir uns unterm Fichtendach bis zum Rossbach sowie über den Hochficht nach Österreich. Hinter der bayerischen Grenzfurt schließen Radfahrer die Runde auf Forstwegen und einer alten Bahntrasse mit Bravour ab.**

Von Haidmühle radeln wir zum nahen Grenzübergang in der Senke am Ruttenbach, dem tiefsten Punkt unserer Runde (800 m). Auf tschechischer Seite empfangen uns in Nové Údolí (Neutal) museale Eisenbahnwaggons und eine Lok. Bergan fahren wir an der nächsten Kreuzung nach rechts und folgen »Tour Nr. 53« auf einer schmalen, für Autos gesperrten Asphaltstraße in Richtung Rosenauerův pomník. Das besagte Denkmal erreichen wir nach längerer Steigung (150 Hm) und flotter Abfahrt, wenn wir erstmalig auf den Schwarzenbergkanal treffen. Der Gedenkstein liegt rechts 50 Meter zurückversetzt und erinnert an den Erbauer des Triftkanals, Josef Rosenauer. Ab Höhe Gedenkstein verlassen wir die Teerstraße.

Scharf links beginnen Radler, gut 16 Kilometer am Kanal entlangzufahren. Der Einstieg erfolgt auf einem schmalen Weg. Dieser wird 300 Meter weiter breiter sowie anfangs grobschottrig. Bei der Einmündung Stocký potok (Igelbach) biegen wir links ab und radeln auf Asphalt flott am Kanal weiter.

Bei der folgenden Kreuzung fahren wir geradeaus in Richtung Hučina (Hutschenbach), dort halten wir uns links gemäß »Route

53«. Auf gekiestem Forstweg erreichen Radler das imposante obere Portal des 419 Meter langen Trifttunnels am Schwarzenbergkanal. Über eine Kuppe hinweg gelangen wir nach Jelení Vrchy (Hirschbergen) auf der anderen Seite des Durchlasses. Wer einkehrt, kann – am besten passend – mit Euro bezahlen (1 € = ca. 25 Kronen).

Kurz nach der Grenze bei Haidmühle kommen Radler an einer alten Lok vorbei.

Linke Seite: Hier beginnt die Tschechische Republik.

Bergab an der Kreuzung biegen wir nach rechts ab. Auf teils geschottertem Forstweg lassen wir die Rosenauer Kapelle links liegen. Achtung: Bei der Ortsmarke Rossbach verabschieden wir uns vom Schwarzenbergkanal und strampeln nach rechts auf Asphalt geradewegs bergan. 185 Höhenmeter gilt es zu meistern. Bei der zweiten Kreuzung passieren wir die bewirtschaftete Hütte Ríjište (Hirschröhren). Nach steilem Anstieg erobern wird den Hochficht-Grenzkamm auf stolzen 1035 Meter Höhe.

Auf österreichischer Seite zeigt MTB-Pfeil »804« talwärts. Bei Holzschlag erwarten uns Skipisten. Nach einer markanten Links-rechts-Kombination weist Nr. 804 scharf nach rechts eine steile Passage hinab. Unten wird die Talstation des Skilifts rechts liegen gelassen. Sogleich folgen wir Nr. 804 über einen Forstweg bergan (75 Hm) und anschließend in etwa der Höhenlinie ent-

Eindrucksvoll: Das Portal des 419 Meter langen Trifttunnels vor Jelení Vrchy / Hirschbergen

lang. Wo wir auf Asphalt treffen, verlassen wir »MTB 804« und biegen nach rechts ab (Holzpfeil »Adalbert-Stifter-Radweg«). In weitem Bogen und erneut an einer Hochficht-Talstation vorbei erreichen wir Oberschwarzenberg. An der dortigen Hauptstraße biegen wir erneut nach rechts ab.

## Räder ausleihen

Passende Drahtesel gibt es in Haidmühle bei der Tourist-Info (E-Bikes/Citybikes) und im Haus Flora (MTBs/Citybikes, Frau Krüger/Tel. 08556/411), darüber hinaus E-Bikes in Altreichenau bei Edeka Rauch (Tel. 08583/376; zur Drei-Länder-Tour 2 km auf dem Adalbert-Stifter-Radweg) und in Lackenhäuser im Knaus Campingpark (Tel. 08583/311; E-Bikes/Trekkingräder; zur Drei-Länder-Tour 3,5 km bergan zum Lärchbaumfleck).

Bergan zieht sich die letzte Steigung (fast 200 Hm) bis hinein nach Bayern. Zuerst passieren wir das österreichische Ortsschild, zwei Kilometer dahinter nähern wir uns der deutschen Grenze. Beim Wendehammer/Parkplatz fahren wir geradeaus weiter. Der deutlich enger werdende Weg endet am Grenzbach in einer steinigen Furt. Durch diese muss das Rad

geschoben oder getragen werden, ebenso die ersten 100 Meter auf bayerischer Seite, bis der dort anschließende Forstweg erreicht wird und wieder in die Pedale getreten werden kann. Schließlich erfrischt eine lange Abfahrt via Lärchbaumfleck.

Tschechische Brotzeitstation auf dem Weg zum Grenzkamm

In Frauenberg landen wir auf Teer und biegen an der Hauptstraße links ab. Gut 100 Meter weiter weist ein Schild nach rechts zum »Adalbert-Stifter-Radweg«, den wir am alten Bahnhof erreichen. Erneut nach rechts folgen wir der ehemaligen Bahntrasse geradewegs auf leicht abschüssiger Strecke bis Haidmühle. Der Sportplatz wird rechts liegen gelassen, dann erreichen wir vor der Tankstelle die Dreisesselstraße und von dort via Max-Pangerl-Straße unseren Ausgangspunkt in der Neuthaler Straße vor der Grenze.

# 10 Dreiländereck zu Fuß

## Höhepunkte in Granit mit Blockstrom und Hochstein

mittel | 8,5 km | 260 Hm | 3.15 Std.

**Tourencharakter**
Sportliche Runde mit stetem Auf und Ab auf steinigen Pfaden; Abstecher zum Hochstein einfach; Zubringer vom/zum Parkplatz Asphalt

**Ausgangs/-Endpunkt**
Wanderparkplatz Dreisessel (1,70 €)

**Geokoordinaten**
48.779756, 13.800741

**Anfahrt**
Auto: Von Norden via Philippsreut, von Süden via Altreichenau, jeweils bei Frauenberg abbiegen und hoch zum Wanderparkplatz Dreisessel am oberen Ende der Bergstraße

**Einkehr**
Berggasthof Dreisessel, Gut Riedelsbach der Familie Sitter (20 km via Neureichenau/Do geschl.)

**Karte**
Kompass Nr. 197, Südlicher Bayerischer Wald, 1:50 000

**Information**
Tourismusbüro Neureichenau, Tel. 08583/960120, www.neureichenau.de

**Wegen seines Granits zählt der Dreisesselberg zu den 100 schönsten Geotopen in Bayern. Vom Wanderparkplatz erreichen wir rasch lichte Höhen. Ein sportlicher Pfad führt durchs Steinerne Meer zum Dreiländereck sowie am Grenzkamm zurück. Bequem geht es vom Berggasthof zum aussichtsreichen Hochstein.**

Der Parkplatz am oberen Ende der Dreisesselstraße liegt bereits 1230 Meter hoch. Von dort marschieren wir auf Asphalt weiter bergauf. Zu Beginn der lang gezogenen Kurve orientieren wir uns an den Pfeilen zum »Adalbert-Stifter-Steig« nach rechts. 100 Meter weiter folgt linker Hand der eigentliche Einstieg in die nach dem Böhmerwald-Dichter benannte Tour. Konkret verläuft der Steig gut 50 Höhenmeter unterhalb des Kamms in etwa der Höhenlinie entlang.

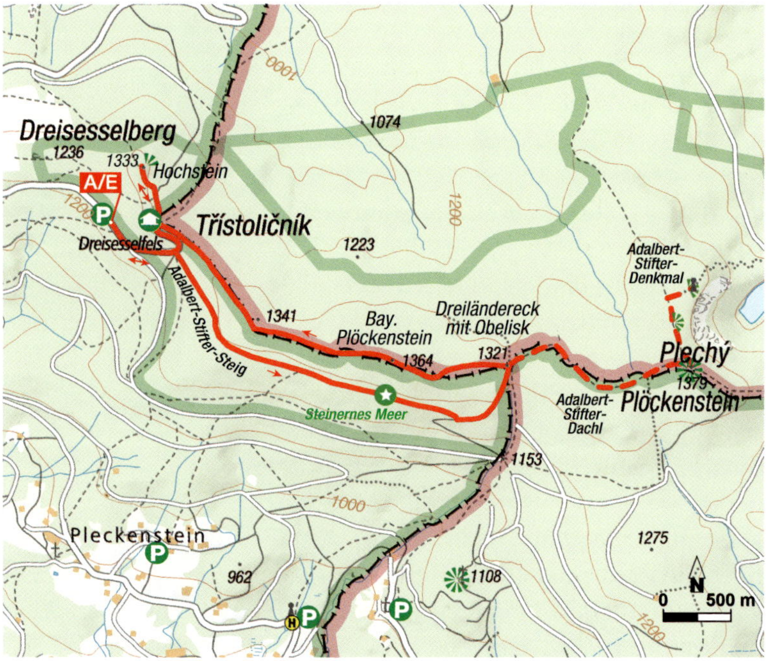

Markant geschichteter Granitkopf mit Kreuz obendrauf: der bizarr wirkende Hochstein

Nach gut einer Stunde durchschreiten Wanderer drei Granitwellen im Steinernen Meer. Hinter dem eiszeitlichen Gestein bringt uns der Seesteig hinauf zum Grenzkamm. Das Dreiländereck, auch Dreiecksmark genannt, kennzeichnet ein Obelisk mit den Wappen der drei angrenzenden Staaten Deutschland, Österreich und Tschechien. Wo die Larven der Borkenkäfer den Wald arg lichteten, freuen sich positiv Denkende über den Eigensinn der Natur und die herrliche Fernsicht.

**»Auf diesem Anger, an diesem Wasser, ist der Herzschlag des Waldes.«**

**Adalbert Stifter, Schriftsteller (1805–1868)**

Fitte und Fleißige verlängern die Wanderung ab dem Dreiländereck über die Grenze hinweg in Richtung Osten bis zum Österreichischen Plöckenstein (1379 m). Von dort führt ein Pfad hinein in den tschechischen Nationalpark Böhmerwald (Šumava). Den passenden Wendepunkt markiert in diesem Fall das fast 15 Meter hohe Adalbert-Stifter-Denkmal. Von der

Aussichtskanzel neben diesem Obelisken fällt der Blick durch die steile Wand hinab zum Plöckensteinsee (Plešné jezero); hin und zurück 4 km/gut 1.30 Std./170 Hm; siehe gestrichelte Linie auf der Karte.

## Tipp für Tierfreunde

Fans von Vierbeinern begrüßt der Husky-Hof in Branntweinhäuser 46 zwischen Frauenberg und Altreichenau. Unter www.huskyhof-dreisessel.de informieren sich Tierliebhaber im Internet über das aktuelle Programm und melden sich am besten beizeiten für passende Events an; Tel. 08583/979 18 86.

Der Rückweg vom Dreiländereck führt uns in Richtung Westen am Hochkamm zum Bayerischen Plöckenstein (1365 m). Die Höhenlage bildet die deutsch-tschechische Grenze sowie die Wasserscheide zwischen Donau und Moldau. Weiter in Richtung Berggasthof begegnet uns ein ums andere Mal markant geschichteter Granit. Nach der letzten Senke entscheiden wir uns zwischen einem Pfad oder der Asphaltstraße hinauf zur Einkehr.

Ideal für eine Rast: der Berggasthof des Waldvereins

Im Berggasthof Dreisessel bedienen sich Wanderer, die draußen sitzen, selbst. In den geräumigen Gastzimmern kommt das Personal an den Tisch. Neben der Einkehrstation führen 40 in den Stein gehauene Treppen hinauf zur Spitze des 1312 Meter hohen Dreisesselfelsens. Einer Sage nach suchen jedes Jahr in der Dreikönigsnacht drei verwunschene Prinzessinnen die Steinsitze auf dem Granitturm heim.

Der Hochstein (1333 m) lässt sich über einen breiten Schotterweg zügig erreichen und wird auf Steintreppen bestiegen. Der Sockel des obigen Holzkreuzes überragt den Dreisesselfels um 21 Meter und bietet den schönsten Rundblick der Tour. In Richtung Norden sticht der nahe Haidel mit seinem Sendemast ins Auge. Aus dem Tal grüßen das bayerische Grenzdorf Haidmühle sowie im Hintergrund Wallern (Volary) auf tschechischer Seite. Auf selber Strecke geht es flott zum Berggasthof zurück und dann auf Asphalt hinab zum Parkplatz. Übrigens: Wer es ruhig angehen will, der beschränkt sich einfach auf den Spaziergang vom Parkplatz zum Hochstein.

Linke Seite: Kolossaler Anblick im Steinernen Meer

# 11 Von Waldkirchen in den Sauwald

## Klammheimlich und aussichtsreich

leicht | 5,5/1 km (zu Fuß) | 130/60 Hm | 1.45/0.30 Std.

**Tourencharakter**
Autofahrt in Etappen; Klamm: nett ins Naturschutzgebiet, zurück teils Asphalt; Friedrichsberg: kurzer Aufstieg

**Ausgangspunkte & Geokoordinaten**
Klamm: 48.720969, 13.604961

**Anfahrt & Strecke**
B12 nach Waldkirchen; Waldkirchen–Hauzenberg Staatsstraße Richtung Süden, in Hauzenberg Richtung Passau (13 km); Hauzenberg–Friedrichsberg Richtung Breitenberg bis Sonnen, dort Richtung Wegscheid, in Thalberg Wegweiser neben Kirche beachten (17 km); Friedrichsberg–Rannasee: via Wegscheid Richtung Untergriesbach (13 km)

**Einkehr**
Haller Alm in Klamm (Mai–Sep./Okt.), Johanns Waldkirchen (So geschl.), Zur Emmerenz Schiefweg (Mo/Di geschl.), Gut Lichtenau und Gidibauer (Mo geschl.) vor bzw. in Hauzenberg, »Zur Wasserrutsch'n« Rannasee

**Karte**
Marco Polo Freizeitkarte Bayerischer Wald, 1:110 000

**Information**
Tourismusbüro Waldkirchen, Tel. 08581/19433, www.waldkirchen.de

**Eine Alm am rauschenden Bach, steinharten Granit sowie einen Turm mit fantastischem Rundblick entdecken sowie im größten See im Bayerwald baden – das alles und noch viel mehr bietet diese Tour von der hübschen Kleinstadt Waldkirchen hinein in den Passauer Sauwald.**

Saußbachklamm Ab Karoli-Badepark am südlichen Ortsrand von Waldkirchen wandern wir auf Asphalt 200 Meter stadtauswärts und folgen vor den Tennisplätzen rechts hinab der »Abkürzung zur Saußbachklamm«. Nach dem zweiten Rechtsschwenk geht es an einem Gehege vorbei geradewegs hinunter zum alten Marktbach. Dieser Wasserkanal wird im Fichtenhain auf einem versteckten Steg gequert. Dahinter orientieren wir uns nach links und marschieren gegen den Strom an der rechten Seite des Kanals entlang bis zum großen Stauwehr (vorherigen

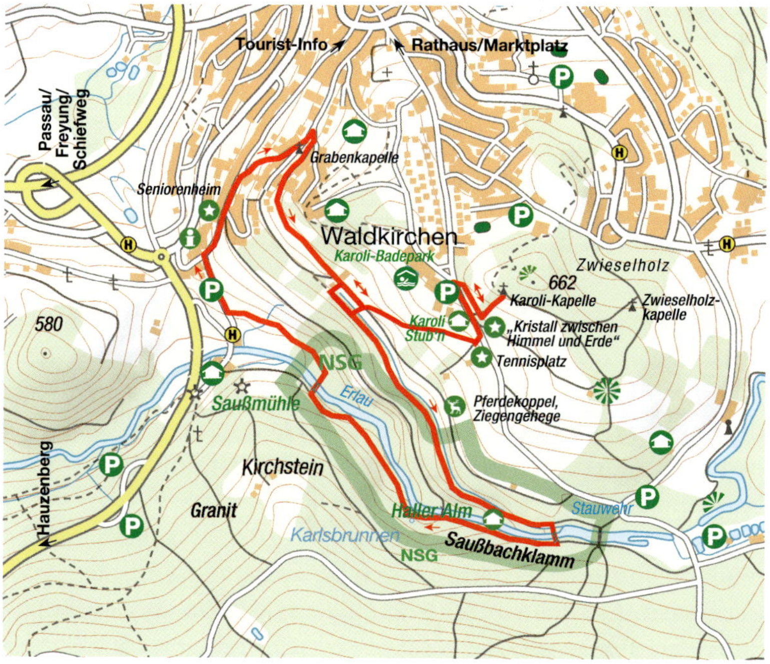

Südlich von Waldkirchen tummeln sich Jung und Alt in der Saußbachklamm.

Zugang zur Haller Alm rechts liegen lassen). Dort überqueren wir Kanal und Erlau und folgen nun dem Pfeil zur Haller Alm ins Herz der Klamm.

Zwei Gesichter hat die Erlau: Nach der Schneeschmelze oder wenn es heftig regnet, ähnelt das Gewässer einem reißenden Wildbach. Ansonsten plätschert der Fluss gemütlich durch den Saußwald, der der Schlucht ihren Namen gab. Wie ein kleines Hexenhäuschen sieht die Haller Alm aus, die wir über einen Holzsteg erreichen. Einheimische bestellen dort gerne geräucherte Forelle. Von der Alm

## Auswanderermuseum

»Born in Schiefweg« lautet das Motto im Geburtshaus der Emerenz Meier nördlich von Waldkirchen. Das dortige Museum dokumentiert den Lebensweg der 1874 geborenen Dichterin, die wie viele ihrer Zeitgenossen ihr Glück in der Neuen Welt suchte. Anfahrt von Waldkirchen in Richtung Freyung zum Schiefweger Dorfplatz; Mi–So 11–20 Uhr gekoppelt an Wirtshaus-Zeiten; Erw. 4 €, ermäßigt 2,50 €, www.born-in-schiefweg.de.

Über die teils tosende Erlau hinweg gelangen Wanderer zur reizvoll gelegenen Haller Alm.

geht's über den Steg zurück, dann gemäß Pfeil nach rechts in Richtung Saußmühle. Im Schatten des ufernahen Schlucht- und Auwalds umspült das Nass moosbewachsene Granitblöcke. Den nächsten, zweiten Holzsteg lassen wir rechts sowie den Karlsbrunnen links liegen. Die dritte Holzbrücke queren wir. Auf Höhe der Fischweiher geht der Pfad in einen Waldweg über.

### Mein Lifestyle-Tipp

Trendbewusste aus nah und fern pilgern mit Vorliebe ins Modehaus Gargern mit Vorliebe ins Modehaus Garhammer am Marktplatz von Waldkirchen und genießen im Restaurant Johanns bei Chefkoch Michael Simon Reis die beste Gastronomie in ganz Ostbayern.

Vor der Staatsstraße orientieren wir uns nach rechts (links erspähen wir die Saußmühle) und erreichen am Erlenhain bebautes Gebiet. Auf dem Bürgersteig wird das Seniorenheim passiert, gut 100 Meter hinter dem Mitterweg führt unsere Runde durch den Graben halb rechts hoch zur Grabenkapelle. Dort halten wir uns scharf rechts und verlassen beim Haus Nr. 58b die Siedlung. In Pfeilrichtung »Kurpark« trifft die Kiesstraße auf den uns bekannten Kanal. Bei der linksseitigen Gabelung folgen wir dem Pfeil bergan zurück zum Badepark.

Den krönenden Abschluss unserer 5,5 Kilometer langen Runde markiert ein Abstecher um den »Kristall zwischen Himmel und Erde« herum zur Karoli-Kapelle. Am Aussichtspunkt daneben stechen (von links) Großer Rachel (1453 m) und Lusen (1373 m) ins Auge. Bergab legen wir noch vor dem gläsernen Kunstwerk rechts am Waldrand auf der Fitness-Route die letzten Schritte zum Parkplatz zurück. Daneben beleben im Sommer die Freibecken im Karoli-Badepark. Das Mediterraneum verspricht nicht nur im Winter Wohlbehagen (tgl. ab 10 Uhr, gestaffelte Preise).

Steinwelten Eine moderne Ausstellung mit Schausteinbruch rückt im Granitzentrum Hauzenberg die Kraft des Urgesteins ins rechte Licht. Besucher erfahren, wie Granit entsteht und wie sich der Mensch den Stein zu Nutze macht(e). Eine Rüttelplatte imitiert die Fahrt ins Erdinnere, in dem sich Mineralien wie der Bergkristall verbergen. Durch ein Panoramafenster schweift der Blick hinaus zum ehemaligen Steinbruch, der sogleich inspiziert werden kann. Immerhin zählt das Gelände zu den 100 schönsten Geotopen in Bayern; Jan.–Apr. 10–16, Mai–Okt. 10–18 Uhr, Dez. Granitweihnacht; Erw. 6 €, 7–14 Jahre 2 €, Familien 12 €; www.stein-welten.de.

Der Aussichtsturm Friedrichsberg ragt zwischen den Bäumen deutlich heraus.

Friedrichsberg Am östlichen Ortsausgang von Thalberg weist ein Pfeil zum Friedrichsberg. Der Wanderparkplatz liegt in der scharfen Kurve vor dem Ende des Asphalts. Zu Fuß geht es geradewegs zum Bergwald sowie durch dichten Fichtenbestand ordentlich hinauf. Nur einen halben Kilometer später erklimmen wir die Kuppe der höchsten Erhebung (930 m) im Landkreis Passau sowie auf 97 Stufen den Aussichtsturm. Oben reicht der Rundblick bei klarer Sicht vom Großen Arber (1456 m) im Nordwesten über den nahen Dreisesselberg und die Skipisten am Hochficht bis in die Alpen mit dem Dachstein (2995 m) im Süden weit hinter Wegscheid. Zurück zum Parkplatz gehen wir in Pfeilrichtung »Kohlstatt« auf derselben Strecke.

Planschen im See An der Grenze von Niederbayern zu Oberösterreich, nahe Wegscheid, liegt der größte Badesee im Bayerwald. Am Ufer des 20 Hektar großen Rannasees finden Wasserratten mehrere Badeplätze, eine 120 Meter lange Wasserrutsche sowie einen Tretbootverleih. Ein 2,5 Kilometer langer Weg umrundet das Gewässer. Übrigens: Nördlich von Hauzenberg erfrischt alternativ der Freudensee sowie östlich von Waldkirchen der Erlauzwieseler See.

# 12 Buchberger Leite und Gabreta

## Wilde Schlucht und Keltendorf

mittel | 9/10 km | 180 Hm | 3.15 Std.

**Tourencharakter**
Durch die Leite romantischer, mitunter steiniger und verwurzelter Pfad direkt am Wildwasser entlang, zum Einstieg/Abschluss sowie beim Carbidwerk etwas Asphalt; Gabreta: Rundweg (gut 1 km)

**Ausgangspunkte & Geokoordinaten**
Ringelai Ort/Jahnweg hinterm Hotel Koller (0,5 km Anmarsch): 48.811382, 13.470712; Ringelai/Leithenweg: 48.812629, 13.479868; Gabreta: 48.811044, 13.447618

**Anfahrt**
Auto: B533 via Grafenau-Mitte oder via B12-Abfahrt südwestlich von Freyung oder via Hohenau oder Perlesreut nach Ringelai; Gabreta liegt 4 km westlich in Richtung Grafenau

**Einkehr**
Familien-Landhotel Koller in Ringelai, Keltenstube Gabreta, nahe B12-Abfahrt Freyung Süd Danibauer in Falkenbach (ab 15 Uhr; Mo/Di geschl.) sowie Gasthaus Schuster (Mo geschl.)

**Karte**
Kompass Nr. 197, Südlicher Bayerischer Wald; 1:50 000

**Information**
Tourist-Info Ringelai, Tel. 08555/961411, www.ringelai.de

**Zu den 100 schönsten Geotopen in Bayern zählt die Buchberger Leite westlich von Freyung. Am besten erkunden lässt sich die Wildbach-Klamm vom Talkessel bei Ringelai aus. Zudem inspiriert Wissbegierige ein Stück oberhalb, nahe der Kammlage, eine Zeitreise zu den Kelten.**

Buchberger Leite In Ringelai startet Pfad Nr. 1 am Ende des asphaltierten Leithenwegs in Richtung Freyung. Vom Jahnweg in der Ortsmitte erreichen wir diesen Einstieg via Perlesreuter- und Dorfstraße. Am stromaufwärts gesehen linken Nordufer entlang begleitet uns das Rauschen der Wolfsteiner Ohe. Lediglich in trockenen Sommern wird ihren Oberläufen so viel Wasser abgezweigt, dass der Bergbach bis kurz vor Ringelai, wo das abgezweigte Nass aus einem Stollen wieder einmündet, verstummt.

Ganz so wie früher die Arbeiter auf ihrem Weg zum ehemaligen Carbidwerk, wechseln heutige Wanderer auf einer spektakulären Hängebrücke ans südliche Ufer. Stromaufwärts gelangen wir durch urwüchsige Natur zur mächtigen Fabrik. Zwar werden dort keine Brennstoffe für Gaslampen mehr produziert, jedoch Strom sowie künstliche Edelsteine. Auf Asphalt angekommen, marschieren wir nach links durch die befahrene Werksunterführung hindurch und wechseln auf der Brücke erneut ans Nordufer. Das schöne Bauernhaus hinterm dortigen Wanderparkplatz beherbergte einst eine Gaststätte. Oberhalb, bei der Wandertafel, folgt rechter Hand eine abenteuerliche Passage: ein rund 30 Meter langer und nur gut zwei Meter hoher Felsdurchbruch. Auf eigene Gefahr ist es gestattet, in dem leicht ansteigenden Engpass dem sprichwörtlichen Licht am Ende des Tunnels zu folgen.

Auf Pfad Nr. 3 erreichen wir hinter dem Felsdurchbruch das Herzstück der Klamm. Den erhöht verlaufenden Weg säumen schroffe Felsabbrüche. Einer Sage nach lebte in dieser grünen Hölle einst ein Drache. Geologen ordnen den Graben dem soge-

Ein kleines Abenteuer: die schmale Hängebrücke über die Wolfsteiner Ohe

nannten Pfahl zu. Die nimmermüde Erosionsarbeit der Wolfsteiner Ohe legte die Schichten dieses besonders harten Quarzsteins teils deutlich frei.

Rund 30 Gehminuten hinter dem Carbidwerk verlaufen kurzzeitig zwei Wegvarianten am Wildbach entlang: eine direkt am Wasser, die andere leicht erhöht. Ein Stück weiter orientiert sich der Pfad vom Ufer weg bis zu einem überdachten Holzsteg. Dieser führt nicht über die Ohe, sondern über den Reschbach. Erst 100 Meter stromabwärts vereinigt sich dieser mit dem aus Freyung kommenden Saußbach zur Wolfsteiner Ohe. Der Zusammenfluss heißt Scher und bildet mit den Rastbänken am Reschbachsteg einen geeigneten Wendepunkt.

## Weg der Besinnung

Nördlich von Freyung liegt ein bildhübscher Gneiskegel. Ihn krönt der Wallfahrtsort Kreuzberg mit der Kirche St. Anna samt Gnadenbild. Daneben startet der Kapellenweg durch den Westhang der markanten Anhöhe (gut 4 km/1.15 Std.). Die Runde verläuft teils auf Asphalt, teils auf Feldwegen und bietet inspirierende Ein- und Aussichten.

Wendepunkt der Wanderung: der Holzsteg am Reschbach

Den Rückweg von der Scher nach Ringelai legen wir bis zur Hängebrücke auf derselben Strecke zurück und marschieren nun mit dem Lauf des Wassers (die alternativen Runden über Bucheck oder Aigenstadl überzeugen nicht). Am Carbidwerk wechseln wir wieder auf die andere Seite, bleiben aber im Unterschied zum Hinweg bei der Hängebrücke am Südufer. So wandern wir auf dem ebenfalls mit der Nr. 1 gekennzeichneten Pfad auf der stromabwärts gesehen linken Seite der Ohe zurück nach Ringelai. Bevor wir auf die Siedlung treffen, führt rechts der etwas versteckt gelegene ockerfarbene Triftsteg hinüber in den Leithenweg zum Ausgangspunkt sowie zum nahen Biergarten.

Asterix im Bayerwald Zwischen sanft geschwungenen Hügeln liegt das Keltendorf Gabreta. Sein Eingang wirkt wie eine Zeitschleuse. Dahinter wird lebendig, wie der Alltag vor mehr als 2000 Jahren im heutigen Dreiländereck von Bayern, Böhmen und Österreich aussah. Die Römer nannten die Kelten übrigens Gallier, folglich sind die »Waidler« jener Epoche mit Asterix und Obelix verwandt. Gabreta war wiederum der Name des bayerisch-böhmischen Waldgebirges in der Antike.

Im nachgebauten Keltendorf marschieren Besucher mitten in die frühgeschichtlichen Häuser hinein. Diese sind auf Grundlage tatsächlicher Funde rekonstruiert. Unter traditionellem Schilf- oder Schindeldach und zwischen lehmverschmierten Wänden wird im düsteren Hütteninneren deutlich, wie die Kelten einst hausten. Ein Tempelberg krönt den archäologischen Erlebnispark.

Verkörpert die Kelten: der hölzerne Vercingetorix in Gabreta

Auf der Weide grasen Exmoor-Ponys, die alten keltischen Haustieren ähneln. Scheue Skuddenschafe, die kleinsten heimischen Tiere ihrer Art, laufen frei umher. Dass die Kelten nicht nur von der Viehzucht lebten, deutet ein Acker mit wechselnden, alten Sorten an. Die kurzweiligen, informativen Ausführungen auf dem eingangs bereitgestellten Audioführer machen die Geschichte der einzelnen Stationen verständlich; Osterferien–Nov. Di–So 10–18 Uhr, Erw. 6,50 €, 6–17 Jahre 5,50 €, Familien 13 € jeweils inkl. Audioguide; www.gabreta.de.

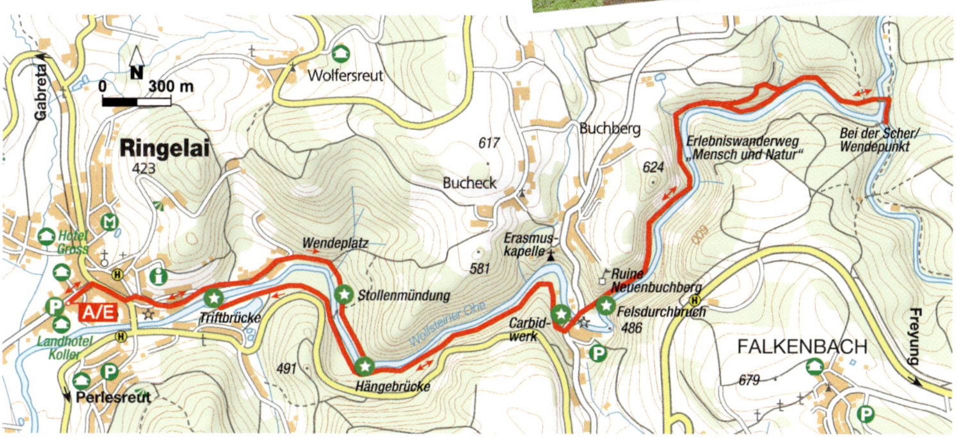

# 13 Das Beste von Passau

## Die einzigartige »Perle Niederbayerns«

| leicht | 4 km (zu Fuß) | – | 5–7 Std. (komplett) |
|---|---|---|---|

**Tourencharakter**
Entdeckungsreise durch die Dreiflüssestadt zu Fuß, mit dem Schiff und mit dem Auto

**Ausgangspunkte & Geokoordinaten**
Parkplätze Schanzlbrücke/Donau: 48.575548, 13.457173; Veste Oberhaus: 48.578536, 13.469253; Maria Hilf: 48.567948, 13.469325

**Anfahrt**
Auto: A3 bis Ausfahrt Passau-Mitte oder via B12, B85 oder B388
Bus & Bahn: Zahlreiche Anschlüsse zum zentralen Busbahnhof beim Stadtturm bzw. Hauptbahnhof Passau (von dort jeweils durch die Ludwigstraße zur Donau gehen)

**Einkehr**
Heilig-Geist-Stiftschenke (Fußgängerzone; Mi geschl.), Goldenes Schiff (vom Dom via Carlonegasse, dann links), Café Diwan (9. Etage im Stadtturm/Aussicht!), Das Oberhaus (neben Burg), Bord-Bistros auf den Schiffen

**Karte**
Passau Stadtplan Freytag & Berndt, 1:4 000

**Information**
Passau Tourismus,
Tel. 0851/955980,
www.tourismus.passau.de

**Wer die Dreiflüssestadt mit barockem Dom, engen Gässchen und mittelalterlicher Veste besichtigt, sammelt bleibende Eindrücke. Entdecken lässt sich »das bayerische Venedig« am besten auf einem Spaziergang entlang der Kais sowie per Schiff. Zusätzlich eröffnen sich bergwärts schöne Aussichten.**

Altstadt Wer von der Schanzlbrücke die Untere Donaulände sowie die Fritz-Schäffer-Promenade flussabwärts marschiert, erreicht rasch den Rathausplatz. Ruhiger als direkt am Wasser schlendert man zuletzt parallel zum Kai durch die enge Höllgasse mit ihren kunsthandwerklichen Läden. Am neugotischen Turm am Alten Rathaus dokumentieren Strichmarken schlimme

Hochwasser. Das Glasmuseum im historischen Patrizierhaus »Wilder Mann« präsentiert über 15 000 Meisterstücke bayerisch-böhmischer Glaskunst (tgl. 9–18 Uhr, Erw. 7 €, ab 7 Jahre 5 €; www.glasmuseum.de). Am östlichen Ende des Platzes pilgern Kabarettfans in das zurückversetzte Scharfrichterhaus.

Am Donaukai starten Ausflugsschiffe zu einer knapp 45-minütigen, reizvollen Stadtrundfahrt auf Donau und Inn (Mai–Sep. 10–17 Uhr alle 30 Minuten ab Liegestelle 7/8, Nebensaison 11–15 Uhr zur vollen Stunde ab Liegestelle 11; Erw. 9 €, 6–13 Jahre 4,50 €; www.donauschifffahrt.eu). Wer will, unternimmt längere Fahrten, etwa mit dem Swarovski-Kristallschiff.

## Mein Badetipp

Als großräumiges Ganzjahresbad mit allen Schikanen von der 90-Meter-Rutsche bis zur Wellness präsentiert sich das »peb«. Es liegt im Südwesten der Stadt zwischen der A3 Passau-Mitte und Passau-Süd, u. a. Familien 13 €; www.passauer-erlebnisbad.de.

Auf dem Kai weiter donauabwärts nähern sich Fußgänger via Römerplatz, Museum Moderner Kunst (wechselnde Ausstellungen, Di–So 10–18 Uhr, Erw. 6 €; ab 7 Jahre 4 €; www.mmk-passau.de) und an der Bronzebüste der Heimatdichterin Emerenz Meier vorbei der Spitze der Landzunge. Dahinter strömen moorschwarze Ilz, braunblaue Donau und graugrüner Inn zusammen. Auf der Innkai-Uferpromenade passieren wir den rund 750 Jahre alten, trutzigen Schaiblingsturm. Wahlweise Schwab- oder Gablergasse führen uns rechts hinauf zur Schustergasse. Diese führt in Richtung Dom zum Residenzplatz. Den dortigen Brunnen überragt Maria als Patronin Bayerns. Die drei Putten symbolisieren Passaus Flüsse.

Die Rückseite des ansonsten barocken Doms St. Stephan zeigt gotische Merkmale. An der Bischöflichen Residenz vorbei links um das Gotteshaus herum erreichen wir in aller Ruhe die Hauptpforte. Alternativ pilgern Hundefans rechts herum zunächst zum 2018 eröffne-

Linke Seite: Blick vom Mariahilfberg über den Inn hinüber zum Dom St. Stephan in der Altstadt

Oben im Stadtturm begeistert im Café Diwan die Aussicht durchs Panoramafenster.

ten Dackelmuseum (Sa–Do 10–16 Uhr, Erw. 5 €, ermäßigt 3 €, bis 12 Jahre frei). Ein Stück weiter grüßt vom Landratsamt der Passauer Tölpel, der wohl einst vom Dom herabfiel. Im Kircheninneren gefallen herrliche Stuckaturen und Fresken. Reich verziert präsentieren sich Seitenaltäre und Kanzel. Wie bei einer Reihe von Gotteshäusern der Region waren es italienische Baumeister, die den ursprünglich gotischen Bau nach Bränden im 17. Jahrhundert im Barock-Stil wieder errichteten. Zur Ehre Gottes ertönt die größte Kirchenorgel der Welt mit 17 974 Pfeifen und 233 Registern bei halbstündlichen Mittagskonzerten von Mai–Okt. Mo–Sa ab 12 Uhr (Kasse ab 10 Uhr/Einlass ab 11.20 Uhr via Dominnenhof, Erw. 4 €, ermäßigt 2 €). Donnerstags steigen ab 19.30 Uhr stimmungsvolle Abendkonzerte (Erw. 10 €, ermäßigt 5 €); www.bistum-passau.de.

Über Domplatz, Luragogasse, Steinweg und an St. Paul vorbei geht es zur Ludwigstraße, dem Herz der Fußgängerzone. Südlich Ludwigsplatz steht Passaus »Neue Mitte« mit der Stadtgalerie und dem Stadtturm. Die Parkplätze an der Schanzlbrücke sind ab Ludwigstraße via Brunngasse gut zu erreichen.

**Burg** Mächtig thront auf dem Georgsberg die Veste Oberhaus. Vom Aussichtsturm (ab 2019 Mitte März–Mitte Nov.) oder vom Aussichtspunkt neben der Oberhaus-Gaststätte genießen Gäste einen atemberaubenden Blick auf Donau, Inn, Ilzmündung, Altstadt und den gegenüberliegenden Mariahilfberg. Die stolze Anlage geht auf das Jahr 1219 zurück. Kein Angreifer konnte die Trutzburg fürstbischöflicher Herrscher jemals bezwingen.

Veste Niederhaus (vorne), darüber Veste Oberhaus

Von 1822 bis 1918 diente die Veste als Gefängnis, gefürchtet als »Bastille Bayerns«. Heute sind weite Teile der kolossalen Anlage frei zugänglich. Wer sich über die Geschichte der Bischofsstadt informieren will, besucht das Oberhausmuseum (Mitte März–Mitte Nov. Mo–Fr 9–17 Uhr, Sa/So 10–18 Uhr, u. a. Familien 10 €; www.oberhausmuseum.de). Anfahrt: Autofahrer überqueren die Schanzlbrücke und schlängeln sich über Serpentinen zur Veste hoch; Anmarsch: Am Römerplatz über die Hängebrücke, dann den Wehrgang oder den Ludwigsteig hinauf.

**O Maria hilf** Ein wunderschöner Blick auf die Bischofsstadt und die Veste öffnet sich am Aussichtspunkt neben der Wallfahrtskirche Mariahilf über der Innstadt (Parkplatz 200 m oberhalb Kloster; östlichen Fußweg abseits der Straße beachten!). Neben der Kirchenpforte endet die überdachte Wallfahrtsstiege, die aus der Innstadt emporführt. Votivbilder zeugen vom Dank frommer Katholiken. Im frühbarocken Gotteshaus des Paulinerklosters beten Gläubige das Gnadenbild Mariens an, eine betagte Kopie des Bildes von Lucas Cranach d. Ä. Kunsthistorisch Interessierte bewundern die an der Decke befestigte silberne Kaiserampel.

# 14 Zwischen Ilz und Donau

## Schwarzes Wasser, reiche Kultur

leicht | 5/10 km (zu Fuß) | 40/160 Hm | 1.15/2.45 Std.

**Tourencharakter**
Autofahrt in Etappen; Ilz: breite Pfade und Forstwege durchs schattige Naturschutzgebiet; Museumsdorf und Pullman City: Rundgänge

**Ausgangspunkte & Geokoordinaten**
Ilz: 48.733595, 13.438676; Museumsdorf: 48.741332, 13.348552; Pullman City: 48.695259, 13.264947

**Anfahrt & Strecke**
Zur Ilz/Schrottenbaummühle von Westen/B85 nördlich von Tittling Richtung Rappenhof abbiegen; von östlicher Ilzseite nördlich Atzldorf nach Tittling (Vorlauf Perlesreut od. Röhrnbach od. Fürsteneck); Mühle–Museumsdorf via Tittling/B85 (10 km); Museumsdorf–Kollnberg–Eging–Pullman City nach Südwesten (12 km)

**Einkehr**
Schrottenbaummühle und Hammerschmiede (Ilz), Mühlhiasl (Museumsdorf), Tauer (Dreiburgensee), Seehof (Eginger See; Di geschl.), Kurcafé (Sonnen-Therme), Saloons (Pullman City)

**Karte**
Marco Polo Freizeitkarte Bayerischer Wald, 1:110 000

**Information**
U. a. Tourist-Information Perlesreut, Tel. 08555/961910, www.ilztal.de

**Das letzte große Wildwasser Ostbayerns, die Ilz, lässt sich ab Schrottenbaummühle bestens erkunden. Gen Norden drehen wir eine große, gen Süden eine kleine Runde. Ganz in der Nähe überraschen das Museumsdorf sowie die Western-Stadt. Zwei Seen und eine Therme bieten bunte Badelandschaften.**

Langer Spaziergang Ab Schrottenbaummühle starten wir direkt an der Terrasse der Gaststätte vorbei am Ostufer stromaufwärts. Aufgrund der Hochmoore an den Oberläufen lässt die Sonne das Ilzwasser rotbraun, der Schatten schwarz erscheinen. Nach etwa zwei Drittel des gekiesten Hinwegs wird der Schirmbach gequert. Davor stehen Fichten wie in einer Allee Spalier. Auf Höhe Schneidermühle verlassen wir den »Goldsteig« und wechseln auf der Straßenbrücke vom Landkreis Freyung-Grafenau ans andere Ufer in den Landkreis Passau. Wer sich vor dem Rückmarsch stärken will, folgt auf Passauer Seite der Staatsstraße 500 Meter bis zum Gasthaus Hammerschmiede.

Am Westufer zeigt der Weg zurück forstwirtschaftlichen Charakter und erinnert ein wenig an eine Berg- und Talbahn. Teils entfernen wir uns über 100 Meter vom Fluss. Die kleine Lueger-Kapelle grüßt zur Halbzeit. Die letzten Meter vor der Schrottenbaummühle verlaufen auf Asphalt. Dann geht es über die Brücke am Campingplatz schnurstracks zur urigen Ausflugsgaststätte, die aus der Zeit des Dreißigjährigen Kriegs stammt. Vier Jahrzehnte nach dessen Ende, im Jahr 1688, begann Familie Segl, die Mühle zu bewirtschaften. Ihre Nachfahren tun dies heute noch und verwöhnen etwa mit fangfrischen Forellen.

Kurzer Spaziergang In Richtung Süden marschieren wir ab Schrottenbaummühle 200 Meter auf dem Fußweg zwischen Sägewerk und Straße. Noch vor der Brücke wird die Straße gequert. Am Ostufer verläuft unser breiter »Goldsteig« ufernah stromab-

Munter plätschert die moor-schwarze Ilz vor sich hin.

wärts. Die felsigen Hänge bewächst intakter Mischwald, wobei Eichen und Hainbuchen dominieren.

Vor Fürsteneck bringt uns ein Triftsteg ans andere Ufer. Dort wenden wir uns nach rechts. Am Westufer der Ilz verläuft die forstwirtschaftlich geprägte Strecke zurück zur Schrottenbaummühle teils erhöht. Über

## Wandervariante

Wer beim Triftsteg am Ostufer bleibt, erreicht sogleich die Mündung der Wolfsteiner Ohe in die Ilz sowie ein kleines Stück weiter linker Hand den markierten Aufstieg zu Schloss Fürsteneck (siehe gestrichelte Linie auf der Karte). Oben hinterm Torturm empfangen die Gaststätte mit Innenhof-Terrasse (Di geschl.), die barockisierte Kapelle und die Ilz-Infostelle (geeignet als Fleißaufgabe od. alternativer Startpunkt, Einstieg Oheleite 100m vor dem Torturm).

Erfahrene Handwerker zeigen im Museumsdorf, wofür Holz taugt.

die Ilzbrücke hinweg erreichen wir rasch den Ausgangspunkt.

Museumsdorf Hinterm Dreiburgensee nahe Tittling beginnt eine faszinierende Zeitreise in die Jahre von 1580 bis 1890. Rund 150 traditionelle Gebäude – darunter typische Bayerwald-Höfe, Mühlen, Kapellen und eine Schule – zeugen vom Leben einstiger Waldbauern. Kleine Anwesen, sogenannte Einfirsthöfe, vereinen Wohnraum, Stall und Stadel unter einem Dach. Bei Wohn-Stall-Häusern steht der Stadel extra, was von einem gewissen Wohlstand zeugt. Vorführungen veranschaulichen traditionelle Handwerkskunst; Ostern–Okt. 9–17 Uhr, Erw. 7 €, 12–17 Jahre 5 €; www.museumsdorf.com.

Stimmungsvolles Ensemble im Museumsdorf Bayerischer Wald

## Hier wird geplanscht

In unmittelbarer Nähe zum Museumsdorf lädt der Dreiburgensee zu einem Gratisbad ein, alternativ der Eginger See 1 km nördlich des namensgebenden Marktfleckens. Vom Rohrbacher Ufer aus gelangen Wasserratten an den Sandstrand (9–18 Uhr, Erw. 3 €, 4–14 Jahre 1,50 €). Am gegenüberliegenden Ufer des Eginger Sees erfreut zu jeder Jahreszeit das wohlig-warme Nass der beheizten Sonnen-Therme. Diese preist sich selbst als »Zentrum für Wellness und Gesundheit« und öffnet tgl. von 9 bis mindestens 20 Uhr (Erw. 9 €, bis 14 Jahre 4 €; www.sonnen-therme.de). Wer sich die Füße vertreten will, kann übrigens beide Seen in gut einer Stunde umrunden und nutzt dafür in Eging den Wald-Themenweg.

Pullman City Der Wilde Westen fängt drei Kilometer südlich von Eging an. Die dortige Westernstadt veranschaulicht, wie das Leben in Nordamerika vor rund 150 Jahren wirklich war. Das Cheyenne-»Halbblut« namens Hunting Wolf zeigt indianische Traditionen, der Hufschmied beschlägt Pferde. Die American-History-Show kommt ohne wilde Schießerei aus, vielmehr trampelt eine Herde Bisons am Saloon vorbei mitten durch Pullman City. Abends lodern Lagerfeuer. Wild-West-Fans übernachten wie Indianer im Tipi, Trapper im Blockhaus oder Greenhorns im Hotel; ab Ende März zunächst Fr–Sa, ab Mai meist täglich (Mo/Di teils geschl.) ab 10 Uhr bis weit in die Abendstunden, Erw. 18 €, 5–16 Jahre 12 €, Familien 39 € (inkl. Tagesshows/ohne Sonderauftritte), ab 17 Uhr Eintritt frei (außer bei Events); www.pullmancity.de.

In Pullman City fasziniert Cheyenne-Halbblut Hunting Wolf seine Gäste.

Die Obstbäume im Lallinger Winkel gefallen Anfang Mai besonders (siehe Tour 16)

Unterwegs im
Mittleren
Bayerischen Wald

# 15 »Tour de Barock«

## Klöster und Asamkirchen

leicht | min. 45 km (Auto) | – | 4–6 Std. (komplett)

**Tourencharakter**
»Freude schöner Götterfunken« auf Autofahrt in Etappen

**Ausgangspunkte & Geokoordinaten**
Metten: 48.854979, 12.915536; Niederalteich: 48.766027, 13.030070; Altenmarkt: 48.692005, 13.015459; Aldersbach: 48.587441, 13.084194

**Anfahrt & Strecke**
Metten: via A3 od. Deggendorf od. Egg; Metten–Niederalteich: Staatsstraße od. A3 entlang Donau bis südöstlich von Hengersberg (16/20 km). Niederalteich–Altenmarkt: Vor Hengersberg Richtung Osterhofen, dort am Kreisverkehr geradeaus und Pfeilen zur Asambasilika folgen (13 km). Altenmarkt–Aldersbach: Zur Kreuzung vor Altenmarkt zurück und rechts ins Vilstal (16 km)

**Einkehr**
Eiscafé Fontanella Marktplatz Metten, Klosterhof Niederaltaich, Gasthof Mayerhofer (Mo/Fr geschl.) und Bräustüberl Aldersbach

**Karte**
Marco Polo Freizeitkarte Bayerischer Wald, 1:110 000

**Information**
U. a. Tourismusreferat, Tel. 0991/3100231, www.deggendorfer-land.de

**Neugierige, Kunstfreunde und Gläubige erleben auf dieser Autofahrt formvollendeten Barock. Die Klöster Metten und Niederaltaich empfangen nahe der Donau. Wer über den Fluss hinweg den Bayerwald hinter sich lässt, entdeckt hinter Osterhofen und in Aldersbach zwei prachtvolle Asamkirchen.**

Metten Vom reizenden Marktplatz aus erreichen Besucher über wenige Stufen die Klosterkirche St. Michael. Seit dem frühen 18. Jahrhundert trägt das Gotteshaus ein barockes Gewand. Das Altarbild sowie das Deckenfresko darüber stammen von Cosmas

Damian Asam. Nicht minder kostbar ist die Klosterbibliothek der Benediktinerabtei mit ihren verspielten Atlanten und Fresken (Zugang aus der Kirche heraus 100 m nach rechts zum Klostertor). Wer im Innenhof rechter Hand zur geöffneten Pforte geht, erlebt den barocken Bücherhimmel auf Erden auf einer halbstündigen Führung ab 10 oder 15 Uhr (Mo und kirchliche Feiertage geschl., Erw. 5 €, ab 6 Jahre 3 €; www.kloster-metten.de). Zwischen Gotteshaus und Kloster gefällt der ruhige Prälatengarten. Kleiner Tipp: Wer nicht der empfohlenen Tour in Richtung Süden, sondern nach Norden fahren will, entdeckt im hübschen Gotteszell in St. Anna das Hochaltarfresko »Mariä Himmelfahrt« von Cosmas Damian Asam.

Die barocke Bibliothek der Benediktinerabtei fasziniert.

## Raubritter in Sicht

Nicht der Himmel auf Erden, sondern ein schaurigschönes Schloss, das ursprünglich eine richtige Raubritterburg war, verbirgt sich 5 km nördlich von Metten in Egg. Mai–Sep. 10–mind. 16 Uhr (Apr./Okt. nur So), Erw. 5 €, ab 6 Jahre 2,50 €, Führungen nach Bedarf (Restaurant seit 2018 nur noch für geschlossene Gesellschaften); www.schloss-egg.de.

Niederalteich Außer von Metten wurde der Bayerische Wald einst vom Urkloster Niederaltaich aus besiedelt. Heutige Gäste

Linke Seite: Mitten in Metten grüßt die barocke Klosterkirche St. Michael.

parken hinter der Brücke über die Ohe, die unweit in die Donau mündet. Am Biergarten vorbei geht es in den Innenhof des Benediktinerklosters. Der Durchgang zum »Bildungshaus« führt zur Kirche St. Mauritius, in der ein imposantes Weihwasserbecken aus Marmor ins Auge fällt. Die reiche Ausstattung der ursprünglich gotischen Hallenkirche stammt augenscheinlich aus dem Barock. Der Chor ist ein Werk von Johann Michael Fischer. Der Klosterladen neben der Kirche bietet alles vom Rosenkranz bis zum Likör. Auf dem Rückweg lohnt ein Blick in die byzantinische St.-Niklaus-Kirche, deren Eingang sich nahe der Gaststätte unter dem Vordach verbirgt.

## Pack die Badehose ein

Echt erfrischend wirkt das »Elypso« mit Freibad, Bade- und Saunawelt, u. a. Indoor-Tageskarte Erw. 8 €, 6–16 Jahre 5,50, Familien 19 €; www.elypso.de. Zufahrt via A92, Plattling-Nord, oder Deggendorf-Mitte–Donaubrücke–Hauptstraße.

**Altenmarkt** Wie in Niederalteich, so wirkte Johann Michael Fischer auch in Altenmarkt bei Osterhofen beim Bau des Gottes-

Als »Dom vom Vilstal« wird Mariä Himmelfahrt im Herzen von Aldersbach bezeichnet.

hauses mit. Besucher gehen auf Höhe der Sparkasse nicht zur Pforte des Damenstifts, sondern über die Treppe links daneben zum Seiteneingang der St. Margareta geweihten Basilika. Für die überwältigende Ausstattung zeichnen die Brüder Asam verantwortlich, die zu Recht als bekannteste Vertreter des bayerischen Spätbarocks gelten. Den Hochaltar halten Experten sogar für das Hauptwerk von Egid Quirin Asam.

Aldersbach Von weitem grüßt Mariä Himmelfahrt mit dem 68 Meter hohen Turm. Neben dem Gotteshaus empfangen die Ruhe des ehemaligen Zisterzienserklosters sowie die Vitalität der 750 Jahre alten Brauerei, 2016 Heimat der Landesausstellung »Bier in Bayern«. Den prächtigen, in seiner heutigen Gestalt von Domenico Magazini erbauten »Dom vom Vilstal« schmückten die Asam-Brüder aus. Cosmas Damian Asam zeichnet für die Fresken, darunter die »Geburt Christi« im Mittelschiff, und Egid Quirin Asam für die Stuckaturen verantwortlich. Den reich verzierten Hochaltar gestaltete der Bildhauer Joseph Matthias Götz. Die glanzvolle Stiftskirche mit ihrer von Engeln getragenen Orgelempore gilt als schönste Marienkirche Bayerns und

## Auf der Via Danubia

Ab Niederalteich nutzen Pedalritter einen Abschnitt des beliebten Donauradwegs für eine Runde, die nahe am Fluss verläuft: Zunächst 500 m vom Kloster entfernt mit der Fähre übersetzen (Mai–Sep. Mo–Fr 10–18 Uhr, Sa/So 9–18 Uhr), am Südwestufer dem regulären Donauradweg stromabwärts folgen. Bei Osterhofen bietet sich ein Abstecher zur Asam-Basilika an (plus 6 km). Ans andere Ufer gelangen Radfahrer auf den Donaubrücken in Winzer (10 km) oder Vilshofen (29 km) oder in Sandbach mittels weiterer Fähre (Mitte März–Mitte Nov. 7–mind. 18 Uhr (37 km; alle Angaben Hinweg ab Niederalteich). Am Nordostufer strampeln wir auf dem alternativen Donauradweg zurück (Fährpreise Radfahrer 1,50 €; kein Verkehr bei Hochwasser/Sturm).

bezeugt die im 16. und 17. Jahrhundert gelebte Sehnsucht nach einem Himmel auf Erden. Diverse Führungen (ab 9 €) starten am Klosterladen nahe »P3« von Ostern bis Allerheiligen jeweils um 13.30 Uhr; www.aldersbacher.de.

# 16 Im Lallinger Winkel

## Gesundheit, Kräuter und Feng-Shui

leicht | 2,5/2 km (zu Fuß) | 100/100 Hm | 1/0.45 Std.

**Tourencharakter**
Autofahrt in mehreren Etappen; GEHsundheitsweg: Pfad plus kurzer Forstweg; Kräuterpfad: kleine Runde mit Licht und Schatten; Feng-Shui-Park: Streifzug

**Ausgangpunkte & Geokoordinaten**
Südseite Parkplatz Ruselabsatz/Passhöhe: 48.875506, 13.066145; Düllhof: 48.857695, 13.071604; Lalling: 48.841385, 13.139452

**Anfahrt & Strecke**
Zum GEHsundheitsweg via Ruselbergstrecke Deggendorf–Regen od. über Schaufling bis zum Ruselabsatz/Passhöhe. Rusel–Düllhof–Lalling via Schaufling (12 km)

**Einkehr**
Düllhof (Di geschl.), Kurpark-Kiosk (saisonal), Gasthof Oswald in Ranzing (Di geschl.), Landpartie Sicking (Do–Sa ab 14 Uhr; siehe Kasten)

**Karte**
Marco Polo Freizeitkarte Bayerischer Wald, 1:110 000

**Information**
Tourist-Info Lalling, Tel. 09904/374, www.lallingerwinkel.de; Tourismusreferat Deggendorfer Land, Tel. 0991/3100231, www.gehsundheitsweg.de

**Elf Stationen, schattiger Wald und zwei Aussichtsfelsen kennzeichnen den GEHsundheitsweg. Hinter dem Düllhof gefällt der Kräutergarten. Der dortige Lehrpfad lädt ebenso zum Spazieren ein wie der nahe Feng-Shui-Park. So kann jeder oberhalb und im obstreichen Lallinger Winkel die Seele baumeln lassen.**

GEHsundheitsweg Die Natur mit allen Sinnen erleben – diese Philosophie steckt hinter der 2,5 km langen Runde, die ein stilisierter Baum markiert. Natürlich erinnert das Konzept an »Shinrin Yoku«, dem japanischen »Baden in Waldluft«. Vom Ruselabsatz (855 m) verläuft die Tour gegen den Uhrzeigersinn in Richtung Süden. Nach wenigen Metern verlassen wir die Forststraße und folgen der Markierung nach rechts. Es folgt ein schattiger Waldpfad. Unsere Stationen regen dazu an, den Waldboden zu erfühlen oder Quellwasser zu spüren. Selbst wenn der angekündigte »Einklang von Körper & Seele« nicht vollends eintritt – Spaß bereitet die vielseitige Tour allemal. Ein gut 150 Meter langer Stichweg führt zum Geßinger Stein (874 m). Vom Felsvorsprung schweift der Blick über den Lallinger Winkel gen Süden. Bläst der Föhnwind, erscheinen am Horizont die Alpen mit der Watzmann-Doppelspitze (2713 m). Im Rahmen der GEHsundheitsweg-Idee bedeutet das, »die Weite des Raumes« zu erleben.

Nach dem Abstecher führt die Runde vom Holz-Xylophon auf gekiestem Forstweg weiter zum Königstein (916 m). Um ihn zu erklimmen, biegen wir gemäß Mar-

Vom Geßinger Stein reicht der Blick aus dem Bayerwald hinaus gen Süden.

kierung nach links ab und entdecken beim kurzen Anstieg Schwefelflechten. Zur Aussicht auf der Formation grüßt aus Richtung Osten der Brotjacklriegel mit seinem markanten Sendemast (1011 m). Dem Summfelsen folgt ein Ort der Stille mit Marterl, einem Bildstock, der an ein einst geplantes Kloster erinnert. Hinter der Bergstation des alten Skilifts treffen wir auf einen Quellgrand. Zum plätschernden Wasser gesellt sich gegen Ende der Runde das Rauschen des Straßenverkehrs.

Kräuterpfad Von der Rusel in Richtung Regen biegen wir rechts hinunter nach Schaufling ab. Nach insgesamt vier Kilometern weist ein Schild in Ensmannsberg rechts zum Düllhof. Zwischen Gaststätte und Backofen hindurch erreichen wir den liebevoll angelegten Kräutergarten – zum Eintreten einfach die Tür anheben. Da die heilsamen Pflanzen ihren Wirkungen gemäß angeordnet sind, erfahren wir, dass Balsam nicht nur gut für die Seele ist. Wer will, spaziert anschließend gemäß Pfeil auf dem zwei Kilometer langen Kräuter-Rundweg weiter und genießt zunächst den Blick zum Brotjacklriegel. Im nahen Wald endet der Asphalt, fortan führt ein breiter Weg sanft bergan. Unter vielen Blättern und einigen Nadeln informieren Schilder sachkundig über Kräuter am Wegesrand.

Erhebend: das »Glorreiche Kreuz« neben dem Kräuterpfad Düllhof

Nach dem Ausblick beim »Glorreichen Kreuz« geht es über die Teerstraße hinweg zu einer Kapelle. Etwas abseits stehen traditionelle Totenbretter. Gegen den Uhrzeigersinn führt ein schmaler Pfad zurück zum Düllhof. Erneut queren wir Asphalt, auf dem Waldweg gegenüber geht es weiter. Hinter dem Bach laufen wir am Waldrand über die Wiese bergab, bis sich der Kreis schließt. Wer will, kehrt im Düllhof ein. Ursprünglich war das 90 Jahre alte Anwesen der Versorgungshof des nahen Sanatoriums.

**»Wer lebendige alte Bauernhäuser mag, sollte einen Abstecher zum denkmalgeschützten Ensemble nach Gerholling machen.«**

**Christina Fuchs, Tourismuschefin Lalling**

Feng-Shui-Park Die Staatsstraße von Schaufling in Richtung Grafenau führt südlich von Lalling direkt am Kurpark vorbei, wohin wir gemäß Pfeil abbiegen. Wer einen Euro in passenden Münzen einwirft, dem öffnet sich die Schranke zum Parkplatz der Anlage, die Freunde fernöstlicher Weisheit magisch anzieht. Um die Harmonie zwischen Mensch und Umwelt zu fördern, werden gemäß Feng-Shui-Lehre möglichst Ecken und Kanten

vermieden. Um den Park zu erkunden, eignet sich eine Runde links um den Kursee herum im Uhrzeigersinn bergab. Unten angekommen, folgen wir zunächst dem Einstieg zum »Steinbruchsteig« und spazieren hinter der Holzbrücke am Zuedinger Bach entlang bis zur nächsten Brücke, auf der wir ans rechte Ufer zurückwechseln. An Themengärten vorbei geht es erneut zum Kursee.

Ein Stück Fernost in Altbayern: der Feng-Shui-Park bei Lalling

Links: Lebendige Bautradition in Gerholling (siehe Zitat linke Seite)

Der Lallinger Winkel gilt übrigens als »Obstschüssel des Bayerwalds«. So stehen Anfang Mai Apfel-, Kirsch-, Birn- und vereinzelte Pfirsichbäume in voller Blüte. Im Streuobsterlebnisgarten in Panholling (zwischen Lalling und Ranzing) wachsen rund 60 Arten und Sorten herrlichster Obstbäume.

## Das Leben genießen

Keine 10 Kilometer südwestlich von Schaufling besuchen Tierfreunde das Gut Aiderbichl in Eichberg. Dort erhalten Vierbeiner und Gefieder ihr Gnadenbrot. Passend dazu kocht das Kiosk-Restaurant vegetarisch (9–18 Uhr, Erw. 7 €, 4–14 Jahre 3,50 €; www.gut-aiderbichl.com). Wer auf dem Weg dorthin einen Stopp mit Kaffee und Kuchen unterm Gewölbe oder im Garten einlegen will, peilt die stimmungsvolle Landpartie Sicking an (Do–Sa ab 14 Uhr; www.landpartie-ambiente.de).

# 17 Der Breitenauriegel

## Im Vorderwald vom Ruselabsatz zum Landshuter Haus

mittel | 13 km | 370 Hm | 4 Std.

**Tourencharakter**
Im Großen und Ganzen ein sanftes Auf und Ab auf abwechslungsreichen Pfaden durch dichten wie lichten Mischwald, kurze Passagen auf geschotterten Wegen

**Ausgangs/-Endpunkt**
Nordseite Parkplatz Ruselabsatz (Passhöhe)

**Geokoordinaten**
48.876153, 13.065493

**Anfahrt**
Auto: Staatsstraße Deggendorf–Regen über Rusel
Bus: U. a. 4116 Deggendorf–Bischofsmais

**Einkehr**
Landshuter Haus (Mo geschl.), Hochwaldhütte (nur Sa/So)

**Karte**
Kompass Nr. 196, Mittlerer Bayerischer Wald, 1:50 000

**Information**
Tourismusreferat Deggendorfer Land, Tel. 0991/3100231, www.landkreis-deggendorf.de

**Wer im Forst hoch über Deggendorf den Breitenauriegel stürmt, steht auf dem zweithöchsten Gipfel im Vorderen Bayerischen Wald. Nach der Einkehr im Landshuter Haus im verlassenen Bergbauerndorf Oberbreitenau streifen wir auf dem Rückmarsch ein schaurig-schönes Hochmoor.**

Von der Rusel folgen Wanderer dem Fernwanderweg (grünes Dreieck) in Richtung Hölzerne Hand und Breitenauriegel. Hinter einer sanften Kuppe erreichen wir rasch eine Forststraße. Dieser folgen wir halb links keine 100 Meter weit, bis der etwas zurückversetzte grüne Pfeil rechter Hand den Einstieg in einen breiten Wanderpfad verrät. Sanft bergan marschieren wir vorwiegend unter Fichten zur markanten Josefsbuche.

Geradewegs weiter passieren wir auf teils verwurzeltem Pfad zunehmend lichte Passagen. Hinter einer unscheinbaren Kuppe liegt der zentrale Wanderstern samt Rastplatz mit pilzartigem Dach. Links zurückversetzt erblicken Findige die Hölzerne Hand. Hintergrund: Einer Legende nach half einst eine geheimnisvolle Frau einem Mann, der sich gnadenlos verirrt hatte. Die Hand erinnert an den richtungsweisenden Fingerzeig hinaus aus dem dunklen Dickicht.

Zum Glück wissen wir, wo es langgeht, und vertrauen dem grünen Pfeil in Richtung Breitenauriegel. Zunächst wandern wir über Stock und Stein leicht bergan, bis sich der Waldweg verengt. Der Anteil der Laubbäume wird größer. Kurz vor der unbewirtschafteten Bergwacht-Diensthütte führt linker Hand ein Stichweg zu einem Gedenkstein samt Kreuz. Weiter auf dem geschotterten Waldweg weist Nr. 3 zunächst nach rechts, sogleich nach links in Richtung Breitenauriegel. Zusammen mit dem grünen Pfeil führt dieser Pfad zum Gipfel. Der 1116 Meter hohe Gneiskegel liegt vom Weg aus links zurückversetzt und

wird im Vorderen Bayerwald nur vom drei Meter höheren Einödriegel überragt. Wer zum Kreuz kraxelt, sollte beachten, dass die Formation nach Südwesten hin steil abfällt. Der Blick in diese Richtung reicht aus dem Wald hinaus zwischen dem nahen Dreitannenriegel (links) und dem Geißriegel (rechts daneben) geradeaus über die verdeckte Donau hinweg ins vergleichsweise flach wirkende Hügelland.

Marterl an der Josefsbuche

Oben: Kommen und Gehen: Hofruine und Einkehr Landshuter Haus

Vom Gipfel führt uns ein verwurzelter Pfad sanft bergab. Wo wir auf einen Forstweg treffen, wenden wir uns nach rechts in Richtung Oberbreitenau. Da in dieser Höhenlage die Landwirtschaft ein allzu hartes Brot war, verließen die letzten Bauern in den Fünfzigerjahren des letzten Jahrhunderts die über 1000 Meter hoch gelegene Streusiedlung. Ruinen am Wegesrand bezeugen

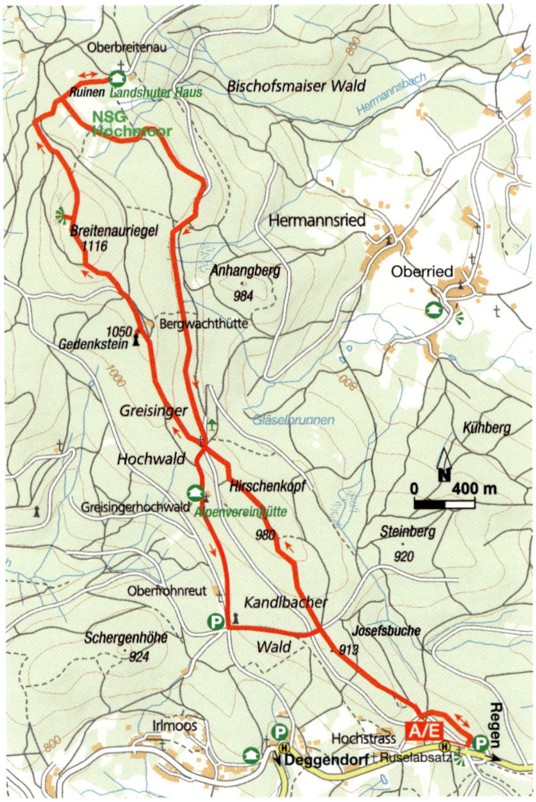

Gipfelrast am Breitenauriegel

den Niedergang der heutigen Wüstung. Indes gelangen wir auf der sich behutsam schlängelnden Strecke nach insgesamt rund zwei Stunden zum Landshuter Haus. Der unspektakuläre Nachfolgebau des einstigen Greil-Hofs gilt als eines der beliebtesten Wanderziele im Vorderen Bayerwald.

In der Einkehrstation finden Hungrige und Durstige in zwei Stuben sowie auf der Sonnenterrasse Platz. Wer sich an der Theke erfrischende Getränke holt, kann dort auch Essen bestellen. Wenn nicht zu viel los ist, werden die fertigen Speisen an den Tisch serviert. Von der Terrasse blicken wir halb rechts zurück auf den von uns im Sturm eroberten Breitenauriegel sowie halb links zum fernen Brotjacklriegel (1011 m) mit seinem schlanken Sendemast.

Vom Landshuter Haus setzen wir auf der uns bekannten Strecke an den Ruinen vorbei ein Stück zurück. Dann folgen wir Nr. 2 sowie dem gelben Goldsteig-»S« nach links. Dieser Rückweg zur Hölzernen Hand führt über einen geschotterten Pfad am Rand des Hochmoors entlang (leider nicht mehr wie früher auf Bohlen durchs Moor hindurch). Neben einer Reihe von Krüppelbirken mit ihren typischen weiß-dunklen Rinden tauchen einzelne Moortümpel auf, über denen Libellen schwirren. Einst vom Austrocknen bedroht, wird heute das Hochmoor Stück für Stück renaturiert.

Hinter dem sumpfigen Terrain folgen ein Links- und ein Rechtsknick. Dann schreiten wir sanft bergab. Der Pfad wird zu einem geschotterten Waldweg. Im Wasserschutzgebiet orientieren wir uns nach rechts kurz und knackig bergan. Danach geht es immer wieder sanft auf und nieder. Dergestalt verläuft unser Weg weitläufig um den Breitenauriegel herum. Schließlich erreichen wir erneut die Hölzerne Hand.

## Wie es gemütlich geht

Wer von Unterbreitenau bei Bischofsmais mit dem Sessellift auf den Geißkopf hochfährt, genießt bei der dortigen Hütte den Ausblick und marschiert in nur 20 Minuten sanft bergab zum Landshuter Haus; Infos zum Lift erhältlich unter www.geisskopf.de.

Nun folgen wir Nr. 2 in Richtung Oberfrohnreut und gelangen sogleich auf einer Schneise im Wald zur Hochwaldhütte des Alpenvereins. Zur mitgebrachten Brotzeit servieren die diensthabenden Vereinsmitglieder am Wochenende gerne Kaffee, Kuchen und Getränke. Draußen fällt der Blick über den Ulrichsberg hinweg in Richtung Gäuboden. Auf Höhe von Oberfrohnreut folgen wir dem Böhmweg (stilisiertes Rad) nach links zur Josefsbuche und gelangen nun auf bekannter Strecke zurück zum Ruselabsatz. Wenn wir von dort die Motoren der Autos dröhnen hören, steht der Endspurt an.

Oben: Granitener Wassergrand vor der beliebten Einkehrstation

# 18 Höhepunkte bei Regen

## Rinchnach, Weißenstein und Schönecker Riegel

| leicht | 1/2,5 km (zu Fuß) | 40/100 Hm | 0.30/1 Std. |
|---|---|---|---|

**Tourencharakter**
Autofahrt in Etappen; Burglehrpfad: erst verwurzelt und steinig, dann Waldweg, abschließend Treppen; Schönecker Riegel: wegen der Höhenmeter mehr als nur ein Spaziergang

**Ausgangspunkte & Geokoordinaten**
Rinchnach: 48.949631, 13.200128; Weißenstein: 48.950847, 13.143207; Schöneck: 49.014819, 13.125027

**Anfahrt & Strecke**
Rinchnach: von Nordwesten und Südosten via B85, aus Zwiesel von B11 abbiegen, von Süden via Kirchberg; Rinchnach–Weißenstein: bei Regen von B85 links hoch (7 km); Weißenstein–Schöneck: durch Regen Richtung Bodenmais, vor Langdorf links Richtung Auerkieler Winkel, in Schöneck hinterm Ortsschild rechts bis zum beschilderten Parkplatz (10 km)

**Einkehr**
Rinchnacher Hof, Gasthof zur Post in Langdorf

**Karte**
Marco Polo Freizeitkarte Bayerischer Wald, 1:110 000

**Information**
Kurverwaltung Regen, Tel. 09921/60482, www.regen.de

**Auf diesem Ausflug erleben wir drei ganz unterschiedliche Höhepunkte: die bedeutendste Barockkirche im Herzen des Bayerwalds, die mittelalterliche Ruine Weißenstein am höchsten Punkt des Pfahls sowie den versteckten Aussichtsturm zwischen der Stadt Regen und Bodenmais.**

St. Johannes der Täufer Vor bald 1000 Jahren zog Mönch Gunther von Kloster Niederaltaich an der Donau an »die rinnende Ach«, das heutige Rinchnach.

Dort begann der Geistliche, den »Eremus Nortwald« – den menschenleeren Nordwald – zu besiedeln. Aus den Ruinen des

mehrfach zerstörten Gotteshauses schuf gut 700 Jahre später Johann Michael Fischer den herrlichsten Barockbau mitten im Bayerwald. Zwei Bilder in den hinteren Seitenaltären, welche die letzte Kommunion des hl. Gunther bzw. des hl. Gotthard zeigen, stammen wohl von Cosmas Damian Asam. Daneben imponieren Chorgestühl, Kanzel, Stuck und Fresken. 14 Bildnisse zeugen von der Kreuzigung Christi.

Mittelpunkt der Gemeinde: die Kirche St. Johannes der Täufer in Rinchnach

Linke Seite: Reich verziert besticht das massive Chorgestühl im Gotteshaus.

Die rechte Seitenkapelle neben dem Eingang verzieren Schalen regionaler Flussperlmuscheln. Das Gotteshaus des ehemaligen Klosters steht markant in der Ortsmitte – wer nach Rinchnach pilgert, kann es kaum verfehlen.

**Mein Einkaufstipp**

Wer Direktvermarkter schätzt, besucht in Grub zwischen Rinchnach und Kirchdorf den Perl-Hof. Der Hofladen der emsigen Schafzüchter-Familie bietet Flauschiges und Köstliches; Di–Fr 10–18 Uhr, Sa 10–16 Uhr; www.schafhof-perl.de.

Ruine Weißenstein Am Fuß der Anlage präsentiert sich vom Parkplatz aus gesehen ein stimmiges Ensemble mit Dorfkapelle, Burg samt Aussichtsturm, Museumsturm und – etwas versteckt – Gläsernem Wald. Die Ruine steht auf dem höchsten Punkt des Pfahls, einem harten

Südlich der Stadt Regen thront die Burgruine Weißenstein.

Urgestein, das teils kammartig den gesamten Bayerwald durchzieht. Die helle Farbe der Formation verlieh Weißenstein seinen Namen. Die Anfänge der Burg reichen über 900 Jahre zurück. Zu ihren zahlreichen Herren gehörten ab dem Spätmittelalter die Degenberger. Heute spukt einer Sage nach die weiße Frau in den Gemäuern, die eingemauert ein schreckliches Ende gefunden haben soll.

Wer die von der Stadt Regen aufwendig sanierte Anlage besucht, genießt den Rundblick vom mächtigen Wohnturm. Aus dem Hinteren Bayerwald grüßen der Große Arber (1456 m) mit seinen beiden Radarkugeln sowie der Große Rachel (1453 m) mit seinem Doppelgipfel. Nordwestlich liegen die Skipisten am Geißkopf (1097 m) und am Einödriegel (1121 m), der höchsten Erhebung im Vorderen Bayerwald. Von der Kuppe zwischen der Stadt Regen und dem Arber blitzt das Dach des Schönecker Aussichtsturms hervor; Apr.–Okt. außer bei Regenwetter Di–So 10–16.30 Uhr; Erw. 1 €, bis 16 Jahre 0,50 €.

**»Wenn deine Seele krank ist, dann verbirg dich wie ein verwundetes Tier in den Wäldern: Sie werden dich heilen.«**

**Siegfried von Vegesack, Gründer Fressendes Haus (1888–1974)**

Auf der dem Kassenhäuschen gegenüberliegenden Seite öffnet ein Museumsturm, das »Fressende Haus«, Mitte Mai–Mitte Sep. tgl. sowie Mitte Sep.–Anfang Nov. Sa/So von 10–16.30 Uhr; Erw. 3 €, bis 18 Jahre 2 €, bis 16 Jahre 1 €. Hin-

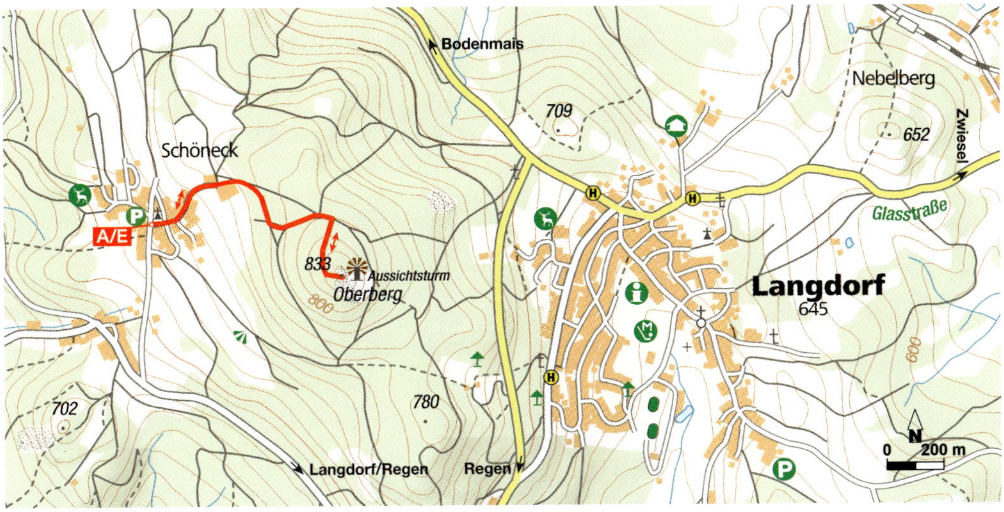


ter dem Gebäude befindet sich ein frei zugängliches Kunstwerk, das zwei Symbole der Region, das Glas und das Holz, zum Gläsernen Wald vereint.

Burglehrpfad Zwischen Ruine und Bolzplatz gibt der Burglehrpfad rasch erstaunliche Perspektiven auf den Drachenkamm des Pfahlgesteins frei. Infotafeln vertiefen das Gesehene. Pfahlblöcke und Kreuz werden auf dem schmalen Waldpfad links liegen gelassen. Durch Heidelbeeren hindurch erreichen wir die Tafel »Pflanzen und Tiere« und wenden dort. Gemäß Pfeilmarkierung treten wir den Rückweg auf einem Waldweg an. Nach dichtem Fichtenbestand geht es auf einen Hof zu. Unmittelbar davor führt links zwischen Ruine und Museumsturm zum Abschluss eine steile Treppe empor.

Aussichtsturm Vom Parkplatz in der Ortsmitte von Schöneck marschieren wir fünf Minuten bergauf bis zum letzten Hof. Dort weist ein Pfeil Richtung Aussichtsturm (auch Nr. 23). Ein Stück weiter mündet der Asphalt in einen geschotterten Waldweg, der in geschwungener S-Form auf die Kuppe führt. Offiziell heißt die 833 Meter hohe Erhebung Oberberg, Einheimische sprechen jedoch vom Schönecker Riegel. Beim Anmarsch verdeckt der dichte Nadelwald den Turm lange Zeit. In aller Ruhe angekommen, eröffnet die kostenfreie, 17 Meter hohe Aussichtsebene ähnliche Perspektiven wie der Turm in Weißenstein. Abschließend geht es auf bekannter Strecke talwärts (siehe Karte).

# 19 Das Beste der Glasstraße

## Von Frauenau ins Zellertal

leicht | 34 km (Auto) | – | 6–9 Std. (komplett)

**Tourencharakter**
Autofahrt in Etappen

**Ausgangspunkte & Geokoordinaten**
Glasmuseum: 48.988060, 13.298010; Zwiesel Kristallglas: 49.015928, 13.227837; Galerie Herrmann: 49.109138, 13.012516; Joska: 49.066978, 13.084093; Weinfurtner: 49.128227, 12.993347; Gläserne Scheune: 49.078068, 12.919303

**Anfahrt & Strecke**
Nach Frauenau von Süden über Klingenbrunn, von Norden über Zwiesel; Frauenau–Zwiesel 7 km; Zwiesel–Langdorf–Bodenmais 15 km; Bodenmais–Arnbruck 12 km

**Einkehr**
St. Florian in Frauenau, in Zwiesel Marktstube (So abends/Di geschl.) und Zur Waldbahn, Hotel Böhmhof vor Bodenmais und Gasthof Zum Rechen östlich Zentrum, Brauereigasthof Falter Drachselsried (Mo geschl.), Joska-/Weinfurtner-Gastronomie

**Karte**
Marco Polo Freizeitkarte Bayerischer Wald, 1:110 000

**Information**
Tourist-Info Zwiesel, Tel. 09922/840523, www.zwiesel-tourismus.de

**Seit dem späten Mittelalter beherrschen »Waidler« die Kunst, Glas herzustellen. Der schönste Teil der Glasstraße führt vom »Gläsernen Herz« Frauenau über die Glasstadt Zwiesel via Bodenmais nach Arnbruck. Alte Hütten, ideenreiche Ateliers und geschäftige Glaszentren laden ein.**

Frauenau In der hübschen Dorfmitte der Gemeinde an der Flanitz empfängt das Glasmuseum. In dem hellen Bau wird zeitgemäß veranschaulicht, was Glas auszeichnet und wie dessen Macher einst lebten. Exemplarische Objekte werfen Schlaglichter auf die Geschichte der Herstellung; Di–So 9–17 Uhr, Erw. 5 € (So 1 €), Kinder/Jugendliche frei; www.glasmuseum-frauenau.de.

**»Auf der Glasstraße wird sichtbar, wie Tradition heute noch gelebt wird.«**

**Andrea Kreitmayr, Netzwerk Glas**

Das Museum umrahmen die Gläsernen Gärten mit Großskulpturen regionaler wie internationaler Künstler. An Kunstwerken und am Sportplatz vorbei erreichen Spaziergänger rasch die Glashütte Eisch. Der dortige Werksverkauf (Mo–Fr 10–18 Uhr, Sa 10–16 Uhr, So nur Juni/Aug. 11–16 Uhr) bietet patentierte Dekantiergläser sowie Karaffen, die nicht tropfen. Werksbesichtigungen durchs 2017 eröffnete »GlaSensium« (Eingang schräg gegenüber Verkauf) finden Mo–Sa um 9.15 Uhr, 10 Uhr (Extra-Thema) und 11 Uhr statt, zusätzlich Mo–Do um 13 und 14 Uhr; Erw. 3 €, Kinder 1,50 €; www.eisch.de).

Vom Museum über die Gleise sowie nach rechts empfängt am Ende der Bahnhofstraße ein interessantes Ensemble: die Manufaktur von Poschinger. In der ältesten Glashütte im Bayerwald brennen nunmehr seit 15 Generationen die Glasöfen; Besichti-

gungen Mo–Fr 10–14 und Sa 11–13 Uhr im Stundentakt; Erw. 2 €, ab 6 Jahre 1 €; www.poschinger.de. Exklusiv werden Vasen wie im Jugendstil gefertigt und nebenan im Manufakturladen Glasbaron angeboten (Mo–Fr 10–17 Uhr, Sa 11–15 Uhr). Oberhalb kooperieren Schleifer und Maler mit der altehrwürdigen Glashütte.

Zum Ensemble der Manufaktur Theresienthal zählt ein schönes Glasmuseum.

Zwiesel Wer den Stadtplatz hinunter und dann rechts über den Regen fährt, bestaunt auf dem Parkplatz von Zwiesel Kristallglas die größte Glaspyramide der Welt. Sage und schreibe 93 665 Weißweinkelche formen den Körper. Der Werksverkauf samt Schnäppchenecke erfreut Mo–Fr von 9–18 und Sa von 9–16 Uhr. Zusätzlich sehen Besucher durch ein Schau-Fenster den Glasbläsern bei der Arbeit über die Schulter von Mo–Do 9.30–14.30 Uhr sowie Fr 9.30–12 Uhr. Um 11 Uhr erfolgen Mo–Fr kostenfreie Werksbesichtigungen (Anmeldung an der Kasse; www.zwiesel-kristallglas.com).

## Ein Prosit der Gemütlichkeit

Wer bei Flüssigem weniger an geschmolzenes Glas, sondern eher an kalten Gerstensaft denkt, besucht die Dampfbierbrauerei Zwiesel. Die Erlebnisbraustätte mit Schalander-Stube liegt vom Stadtplatz aus gesehen in Richtung Zwiesel-Süd in der Regener Straße und öffnet Mo/Di/Do/Fr 13–16 Uhr ihre Pforten; www.dampfbier.de.

Auch heute noch lernen junge »Waidler« die Kunst, Glas zu blasen.

Der größte Arbeitgeber der Stadt gilt übrigens als Weltmarktführer bei hochwertigem Gastronomie-Glas.

Vor der B11-Auffahrt Zwiesel-Nord in Richtung Bayerisch Eisenstein liegt die Kristallglasmanufaktur Theresienthal. Im ehemaligen Verwaltungsgebäude des Hoflieferanten bayerischer Könige, einer Jugendstilvilla, befindet sich heute das Glasmuseum mit Mustersammlung. Darin verrät Silvia Süß, wo die Wendeltreppe zum Atelier führt (Mo–Fr 10–14 Uhr; Eintritt nach eigenem Ermessen). Der einfache Lagerverkauf auf der anderen Parkplatz-Seite bietet zweite Wahl aus eigener Produktion (Mo–Fr 10–17, Sa 10–16 Uhr). Neben dem Lagerverkauf sollten Sie unbedingt die Treppe hinuntergehen zur »Hüttenbesichtigung«. Im Vorraum der Halle wird die aktuelle Kollektion präsentiert (Zeiten wie Lagerverkauf). Zudem kann man Glasmachern ab 10 Uhr an den Öfen kostenfrei über die Schulter sehen (Mo–Do bis 14.30, Fr bis 13 und Sa bis 14 Uhr; www.theresienthal.de). Und wenn es gerade passt: Alle zwei Jahre (2018, 2020, 2022 usw.) begeistern die Zwieseler Glastage von Mitte August bis Anfang Oktober.

## Badestopps

Wer unterwegs planschen will, kann das draußen wie drinnen im Zwieseler Erlebnisbad ZEB nördlich Bahnhof (www.stadtwerke-zwiesel.de) und im Panoramabad Arnbruck (Mo geschl.; www.panoramabad-arnbruck.de) oder besucht alternativ das kostenlose Naturfreibad Zellertal in Drachselsried (Parken 2 €; www.zellertal-online.de).

Bodenmais Wo früher bei Bodenmais ein Sägewerk arbeitete, stehen heute die großräumigen Hallen von Joska. Darin funkelt in bunten Farben alles, was sich aus den Grundstoffen Quarzsand und Pottasche herstellen lässt, darunter in der »Wall of Fame« Glasrodel-Pokale für die olympischen Winterspiele 2018. Bei der Anfahrt von Langdorf lassen wir Bodenmais rechts liegen und erreichen das »Glasparadies« hinter dem Kreisverkehr in Richtung Drachselsried (Mo–Fr 9.30–18 Uhr, Sa 9.30–17 Uhr, So Mai–Dez. 10–17 Uhr; www.joska.com).

**Drachselsried** Persönlich empfängt Hans Herrmann Besucher in seiner gleichnamigen Glasgalerie in der Poschinger Straße (im Ort ausgeschildert). Der auskunftsfreudige Sammler präsentiert und verkauft hochwertige Glaskunstwerke aus aller Welt täglich von 9–12 Uhr; www.glasgalerie-herrmann.de.

**Arnbruck** Ein vergleichbares Konzept wie Joska verfolgt das Glasdorf Weinfurtner. Wer durch die Ausstellungen schlendert, bestaunt einen Gutteil hauseigener Produkte sowie Sammlerstücke, darunter Meißener Porzellan und Hummelfiguren. Die Innovationsglashütte präsentiert Trends, im Atelier dreht sich alles ums Veredeln. Auf der anderen Straßenseite wird Glas traditionell geblasen. Nicht nur was die fantasievollen Themen-Gärten anbelangt, wirkt das Weinfurtner-Ensemble architektonisch stimmiger als Joska; Mo–Fr 9–18 Uhr, Sa 9–17 Uhr, So außer Okt.–Apr. 10–17 Uhr; www.weinfurtner.de.

**Zugabe** Bildergeschichten vom Seher Mühlhiasl und dem Räuber Heigl erzählt die Gläserne Scheune. Das sympathisch-chaotische Sammelsurium aktueller Volkskunst stammt von Querkopf Rudolf Schmid, welcher schlicht und einfach Silikatfarben auf Scheiben aufträgt. Sein Reich liegt abseits der Glasstraße von Arnbruck 13 km in Richtung Viechtach nördlich Schwarzer Regen in Raubühl; 10–17 Uhr, Erw. 6 € inkl. Kinder bis 9 Jahre, 10–17 Jahre 3 €; www.glaeserne-scheune.de. Übrigens: Die ganze Glasstraße reicht von Passau bis Waldsassen.

Im Garten von Weinfurtner in Arnbruck blühen Blumen aus Glas.

Ganz oben: In Zwiesel steht die größte Glaspyramide der Welt.

# 20 Rund um den Arber

## Der »Bayerwaldkönig« und seine Naturseen

| | | | |
|---|---|---|---|
| schwierig | 15 km | 800 Hm | 5.30 Std. |
| leicht | 2 km | 100 Hm | 1 Std. |
| leicht | 2 km | 20 Hm | 1 Std. |
| leicht | 1,5 km | 20 Hm | 0.45 Std. |

**Tourencharakter**
Ab Bodenmais sehr sportlicher Aufstieg; Gipfelrundweg Einstieg/Abschluss steil, Plateau eben, Riegel-Abstecher steinig; Seerundwege einfach

**Geokoordinaten & Ausgangspunkte**
Bodenmais: 49.080238, 13.110251; Gondel: 49.121090, 13.142220; Arberseebahn: 49.170774, 13.090608; Großer Arbersee: 49.098824, 13.159489

**Anfahrt**
Auto: Bodenmais u. a. via B11 od. B85, am Rißlochweg Gleise queren bis zum ausgeschilderten Wanderparkplatz am Ortsende; Gondel/Seen via B11 od. Bretterschachten, von Norden via Lam
Bus & Bahn: Bodenmais u. a. Waldbahn (1,5 km Anmarsch), Arber 6080/6081/6198/7148

**Einkehr**
Arberschutzhaus und Eisensteiner Hütt'n, Chamer Hütte, Arberseehaus, Seehäusl

**Karte**
Kompass Nr. 195, Nördlicher Bayerischer Wald, 1:50 000

**Information**
Bodenmais Tourismus, Tel. 09924/778135, www.bodenmais.de

**Der höchste Berg zieht in jedem Gebirge magisch an, im Bayerwald der 1456 Meter hohe Große Arber. Der reizvollste Wanderweg beginnt bei Bodenmais und verläuft durch die Südflanke. Gemütliche nutzen lieber die Gondel an der Nordseite oder umrunden auf halber Höhe die beiden herrlichen Naturseen.**

**Gipfelsturm zu Fuß** Viele Wege führen auf den Großen Arber, etwa von den Arberseen oder der Talstation der Bergbahn. Der längste und zugleich schönste Weg startet bei Bodenmais am Wanderparkplatz ein Stück hinterm Hotel Waldhaus. Von dort folgt Markierung Nr. 2 einer Forststraße, ehe zwei Varianten bergauf die Rißlochfälle anvisieren – ein vergleichsweise bequemer Weg halb rechts sowie ein steiniger Weg halb links. Nur Letzterer führt direkt an den Hauptfall heran, in dem die Gischt 15 Meter talwärts stürzt. Nirgendwo im Bayerwald erleben wir mächtigere Wasserspiele!

Oberhalb der Rißlochfälle vereinen sich die beiden Varianten. Nun nimmt Weg Nr. 2 den Arber ins Visier. Wanderer sehen zunächst links den Schwellbach, dann rechts den Arberbach fließen und queren drei Forststraßen. Schließlich führt der Arbersteig um ein Moor herum zur Bodenmaiser Mulde. Zum gleichnamigen Riegel auf dem Plateau steigen wir auf Steintreppen. Auf breiten Splittwegen geht es zum Gipfelkreuz, zu zwei weiteren Riegeln sowie zu den bewirtschafteten Hütten an der Bergbahn. Um beim Abstieg Neues zu erleben, marschieren wir ab Bodenmaiser Mulde auf Variante 2a via Chamer Hütte talwärts.

Wer Kräfte sparen will, erreicht alternativ per Gondel die Talstation (Erw. 10 €, 6–16 Jahre 8 €). Von dort verkehrt RBO-Bus 6198 via Großer Arbersee in 25 Minuten nach Bodenmais (Stand 2018 Mai–Okt. 13.36/15.36/16.36/17.36 Uhr; Erw. 3,90 €, bis 15 Jahre 2,40 €; www.bayerwald-ticket.com).

Blick vom Bodenmaiser Riegel zum Großen Seeriegel

Ganz oben: Im Rißloch bei Bodenmais stürzt das Wasser im Hauptfall 15 Meter talwärts.

**Bequemes Gipfelerlebnis** Ganz entspannt bringt uns die Gondelbahn in nur vier Minuten bis auf 50 Höhenmeter an den Arbergipfel heran (Berg- & Talfahrt Erw. 13 €, 6–16 Jahre 9,50 €, Familien ab 31 €; www.arber.de). Ein Aufzug verbindet die Bergstation mit zwei bewirtschafteten Hütten. Bergan führen zwei Serpentinen auf den Gneiskoloss. In einer Stunde lässt sich das Plateau locker einkreisen. Abstecher vom Rundwanderweg (2 km) führen zum Großen Seeriegel, zur Arberkapelle sowie zum Bodenmaiser Riegel. In dieser Formation entdecken Kreative den Kopf von Richard Wagner. Was die Vegetation anbelangt, begegnen uns alpine Latschen und Magerrasen, schließlich befinden wir uns über der Baumgrenze. Vom Bodenmaiser Riegel im Uhrzeigersinn in Richtung Norden folgt der Kleine Seeriegel. Wer die militärischen Radaranlagen links liegen lässt, erreicht das Kreuz auf dem Gipfelriegel. Beim Blick in die Ferne in Richtung Südosten grüßen der Große Falkenstein

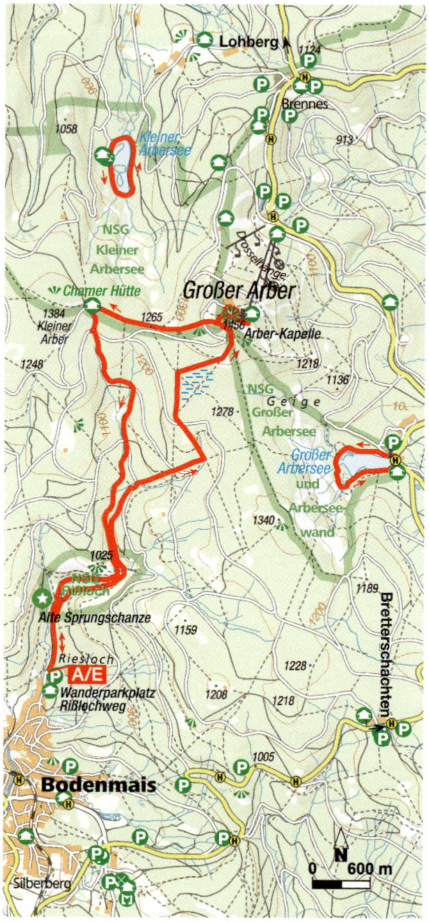

Ab Bodenmaiser Mulde führen Steintreppen aufs Plateau.

(1315 m) sowie der zweithöchste Bayerwaldgipfel, der Große Rachel (1453 m), rechts daneben. Von der Kreuzung, die wir vom Hinweg kennen, geht es auf bekannter Strecke hinab zur Bergstation. Hungrige und Durstige peilen die Einkehrstationen an, die unter Regie der Arber-Bergbahn stehen, welche wiederum dem Fürstenhaus der Hohenzollern gehört.

**Kleiner Arbersee** Etwa 500 Meter unter der Arber-Nordwestwand versteckt sich der Kleine Arbersee. Ab Lohberghütte chauffiert die Kleine Arberseebahn bei halbwegs geeignetem Wetter in gut 20 Minuten hinein ins Naturschutzgebiet. Die 167 PS starke »Bockerlbahn« startet um 9.30, 10.30, 11.45, 13, 14.15, 15.30 und 16.30 Uhr (Rückfahrten ca. 0.30 Std. später, Erw. 7,50 €, 4–13 Jahre 4,50 €; www.kleine-arberseebahn.de).

Wer den idyllischen Seerundweg (1,5 km/knapp 0.45 Std.) gegen den Uhrzeigersinn meistert, erreicht rasch liebliche Wasserfälle, die das bis zu zwölf Meter tiefe Gewässer speisen. Nicht nur den Rand der Quellmoore markieren mächtige Fichten – immerhin gilt Lohberg als waldreichste Gemeinde Deutschlands. Die »schwimmenden Inseln« stammen aus der Zeit, als Bergbauern das Nass für die Holztrift aufstauten. Dabei lösten sich torfhaltige Ränder und blieben bis heute erhalten.

Am Gipfelkreuz treffen Wanderer auf Bergbahnfahrer.

Auf der anderen, östlichen Uferseite verläuft unser Pfad erst leicht erhöht, dann direkt am Wasser. In weitem Bogen geht es am Auslauf über die Seebach-Brücke zurück zum Seehäusl. Kleiner Tipp: Wanderer, die sich die »Bockerlbahn« sparen wollen, erreichen vom Berggasthof Mooshütte in 45 Minuten zu Fuß den Kleinen Arbersee (u. a. Markierung »Gläserner Steig«; Anfahrt von der Kreuzung Brennessattel 150 m in Richtung Lohberg, dann Pfeil beachten).

## Tierpark Lohberg

Rund 100 Arten, die im Waldgebirge heimisch sind oder es früher waren, leben im Bayerwald-Tierpark. Der dortige Rundweg führt vom Streichelzoo zum Wolfsrudel. Der Eingang liegt 100 m hinter der Arberseebahn-Station in Lohberghütte; Apr.–Okt. ab 9 Uhr, Nov.–März ab 10 Uhr; Erw. 5 €, 4–16 Jahre 3 €, Familien 12 €; www.bayerwald-tierpark.de.

Großer Arbersee Rund 500 Höhenmeter unterhalb der Arber-Ostwand liegt der beliebte Große Arbersee. Autofahrer erreichen das eiszeitliche Gewässer auf breiter Straße (Parken 3 €). Vom 2018 neu im alten Stil wiedereröffneten Arberseehaus umkreisen Spaziergänger das Gewässer in knapp einer Stunde (2 km). Im hinteren Teil überraschen sumpfiges Gelände sowie der Geigenbach-Wasserfall.

# 21 Am Bayerischen Pfahl

## »Bayerns Nummer 1«, Himmel und Hölle

leicht | 3 km | 100 Hm | 1 Std.

**Tourencharakter**
Bunte Spaziergänge auf teils schmalen Pfaden, teils breiten Wegen

**Geokoordinaten & Ausgangspunkte**
Viechtach (Wanderparkplatz »Großer Pfahl« an der Riedbachbrücke/B85 in Richtung Cham): 49.080341, 12.865473; Kreuzweg Moosbach: 49.114679, 12.788448; Oberstein bei Rattenberg/Teufelsmühle: 49.088145, 12.775435

**Anfahrt**
U. a. via B85

**Einkehr**
Schnitzmühle südöstlich Viechtach am Regen (Pfeil an B85), in Moosbach Gasthof Freund (Mo geschl.) und Gasthof Kerscher (Mi geschl.), Wirtshaus Neurandsberg bei Wallfartskirche/Ruine nahe Rattenberg (Mo/Di geschl.)

**Karte**
Kompass Nr. 195, Nördlicher Bayerischer Wald, 1:50 000 (auch Nr. 185 Westlicher Bayerischer Wald)

**Information**
U. a. Tourist-Information Viechtach, Tel. 09942/1661, www.viechtach-tourismus.com

**Der Bayerische Pfahl nordwestlich von Viechtach ist »Bayerns Geotop Nummer 1«. Nirgendwo sonst tritt das harte Quarzgestein markanter zutage. Im nahen Moosbach veranschaulicht der Kreuzweg direkt auf dem Pfahl den Leidensweg Jesu. Etwas abseits bei Rattenberg »lauert« der furchterregende Teufel.**

»Geotop Nr. 1« Der in blauer Farbe ausgeschilderte »Große Rundweg« führt vom Parkplatz rasch zum ungestüm gezackten Pfahlgestein. Am besten meistern wir die Runde im Uhrzeigersinn, marschieren also linksseitig bergauf zum Drachenkamm. Die bis zu 30 Meter herausragende Quarzformation zieren typische Krüppelkiefern. Kurz vor der letzten Zacke verlassen wir den Schotterweg und folgen halb links leicht erhöht kurzzeitig Weg Nr. 4 und Nr. 9. Zwischen Fichten und Birken schützt ein wuchtiges Geländer vor dem gewaltigen Abgrund zum ehemaligen Steinbruch. Die tiefe Narbe verrät, wie viel Quarzstein der Mensch dem Pfahl einst abrang.

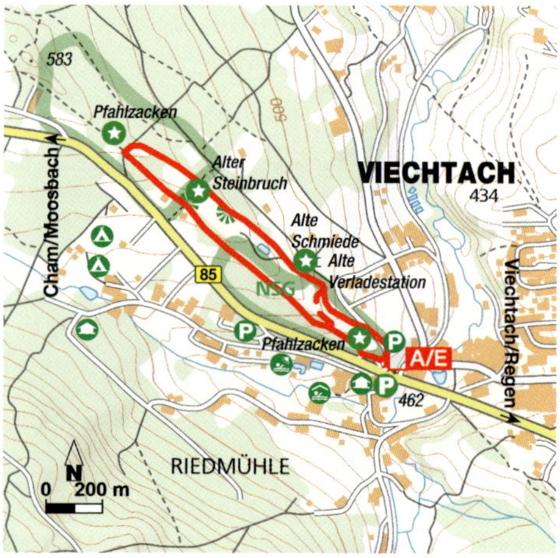


Nach rund 30 Gehminuten erreichen wir einen mit Heidelbeeren bewachsenen, intakten Quarzkamm. Dieser markiert den Wendepunkt des Großen Rundwegs. Beim Rückweg treffen wir auf der gegenüberliegenden Seite des künstlichen Canyons erneut auf die Pfahlkante. Danach passieren wir die alte Schmiede sowie die ehemalige Verladestation und kehren auf der bein-

Wie ein Drachenkamm: der Pfahl bei Viechtach

druckenden Nordseite des charakteristischen Kamms gemütlich zum Parkplatz zurück. Kleiner Tipp: Wem ein kurzer Eindruck reicht, der absolviert in rund 15 Minuten, die sich wirklich lohnen, den »Kleinen Rundweg« (Wendepunkt siehe gestrichelte Linie auf der Karte).

**»In seligem Erinnern, an das bestirnte All, wächst tief im Felseninnern, der Quarzkristall.«**

**Siegfried von Vegesack (1888–1974)**

Übrigens: Der Pfahl verläuft insgesamt rund 150 Kilometer lang von der Oberpfalz durch den Bayerwald bis hinein ins oberösterreichische Mühlviertel. Seit Langem steht die Formation unter Naturschutz. Die außerordentliche Härte des hauptsächlich aus Kieselsäure (Siliziumdioxid) bestehenden Gesteins führt dazu, dass es vergleichsweise langsam verwittert. Folglich hob sich der Pfahl im Lauf der Zeit deutlich von der Umgebung ab. Bleibende Eindrücke davon erhalten wir auch auf Tour 12 (Buchberger Leite) und Tour 18 (Weißenstein).

**Himmlische Zugabe (4 km – 1.15 Std. – 100 Hm)** Als äußerst eindrucksvoll erleben Gläubige wie Neugierige die 14 Kreuzwegstationen, die direkt über den Moosbacher Pfahl verlaufen. Parknischen am südöstlichen Ostrand liegen nur einen Steinwurf vom Kalvarienberg entfernt. Wer den Kreuzweg komplett hinabpilgert, kann hinter der ersten Station die Straße queren und halb links über den Treppen den markierten »Pfahlrundweg« anschließen. Dieser führt teils an der steil abfallenden Pfahlkante entlang. Wenn es im schattigen Wald bergab geht, erreichen wir den Wendepunkt und halten uns scharf rechts. Den Rückweg durch den alten Steinbruch markiert zusätzlich der schwarze »Pandurensteig«-Säbel. Zuletzt pilgern wir in der richtigen Reihenfolge Station für Station zurück zur Kreuzigungsgruppe.

**Höllischer Abgang (3 km – 1 Std. – 200 Hm)** Die Teufelsmühle entdecken Neugierige rund fünf Kilometer abseits des Pfahls. Den linken der beiden bizarren Granittürme ziert in der Tat das gehörnte Abbild Luzifers. Anfahrt von Moosbach (4 km): in der Ortsmitte nach Rattenberg abbiegen, bei der späteren Kreuzung der Staatsstraße 50 Meter nach rechts folgen, sogleich links nach Hubing abbiegen und ein Stück weiter beim gelben Pfeil »Oberstein« eine Parkbucht suchen (liegt zwischen Neurandsberg und Siegersdorf). Wanderweg Nr. 2 führt wenige Meter auf Asphalt bergauf in Richtung Oberstein, ehe es rechts am Waldrand entlang- und dann in den Forst hineingeht. Rund 20 Minuten dauert es, bis die sagenumwitterte Felsformation samt vermeintlichen Teufelstritten auftaucht. Eine der Geschichten erzählt von einem Müller, der mit dem Beelzebub um seine arme Seele rang.

Denkwürdige Begegnung an der bizarren Teufelsmühle

Rechte Seite: Bewegende Kreuzigungsgruppe auf dem Moosbacher Pfahl

Um aus der wundersamen Zusammenkunft eine runde Sache zu machen, folgen wir Nr. 2 weiter bergan. Am Waldrand angekommen, treffen wir wenige Schritte hinter dem Jägerstand auf Asphalt und wenden uns dort nach rechts, verlassen also Nr. 2. Nur einen Steinwurf entfernt folgen wir dem Fernwanderweg (grünes Dreieck) nach rechts die Nebenstraße bergab. Hinter dem Hof beim Ortsschild Bremeck wechseln wir rechts auf den Waldweg. Bevor wir in Unterstein wieder auf Asphalt treffen und uns von dort erneut Nr. 2 nach rechts rasch zum Startpunkt zurückbringt, fällt der Blick hinüber zur Wallfahrtskirche neben der Burgruine Neurandsberg.

INRI

Radweg am Weißen Regen, im Hintergrund die gleichnamige Wallfahrtskirche (siehe Tour 24)

Unterwegs im
Oberen Bayerischen
Wald

# 22 Der Waldwipfelweg

## Atemberaubende Vogelperspektiven bei Sankt Englmar

leicht | 2 km | 40 Hm | min. 2 Std.

**Tourencharakter**
Auf dem barrierefreien Stelzenweg genießen Schwindelfreie die herrliche Aussicht, im Anschluss daran schlängelt sich ein ideenreicher Erlebnispfad durch den Wald

**Ausgangs/-Endpunkt**
Parkplatz »Waldwipfelweg«, 3 km westlich von St. Englmar hinter Grün in Maibrunn (Zufahrt gut ausgeschildert)

**Geokoordinaten**
49.011475, 12.783379

**Anfahrt**
Auto: Aus Norden via Rattenberg od. Prackenbach, aus Nordosten via Viechtach, aus Süden über die A3 (Abfahrt Bogen od. Schwarzach), aus Westen über Elisabethszell

**Einkehr**
Woid-Wipfe-Häusl (SB), Zum Kramer-Wirt in Grün

**Karte**
Marco Polo Freizeitkarte Bayerischer Wald, 1:110 000

**Information**
Familie Six,
Tel. 09965/80087,
www.waldwipfelweg.de

**Faszinierende 30 Meter über dem Erdboden verläuft der 370 Meter lange Waldwipfelweg. Zurück am Boden der Tatsachen bringen ein pfiffig gestalteter Pfad sowie optische Kuriositäten die Natur ein weiteres Stück näher. Das »Haus am Kopf« lässt unser Abenteuer richtig schräg ausklingen.**

Wer sich auf Augenhöhe mit Baumkronen begibt, dem eröffnet der Vordere Bayerwald überraschende Perspektiven. Dazu gehört der Blick über die Donau und den Gäuboden hinweg die Isar flussaufwärts. Bei Föhnwetterlage grüßen am südlichen Horizont sogar die rund 200 Kilometer entfernt gelegenen Alpen mit dem Großglockner (3798 m). Eine Panoramatafel hilft bei glasklarer Sicht, die österreichischen wie deutschen Gipfel richtig zu verorten. Wenn der Wind weht, wiegt sich die Konstruktion ein wenig. Doch keine Sorge: Die Betonmasten, auf denen der aus Lärchenholz gefertigte Stelzenweg steht, sind TÜV-geprüft (Apr.–Okt. 9–19 Uhr, Nov.–März 9–16 Uhr bei passablem Wetter; Erw. 7,50 €, 7–17 Jahre 5 €, Familien 20 €; »Haus am Kopf« zusätzlich 2 €-Münzeinwurf am Drehkreuz pro Person).

### Zu Tal brausen oder Baden gehen

Rasanten Fahrspaß bieten Bobs, Coaster, Bayerwald-Fox sowie »Da voglwuide Sepp« am Egidi-Buckel. In der Tat erwacht in Grün zwischen Waldwipfelweg und St. Englmar das Kind in so manchem Manne. Die kleinsten Besucher erfreut nicht nur das Streichelgehege. Der Eintritt ist frei, bezahlt wird für den Fahrspaß von Ostern–Anfang Nov. ab 9 Uhr, SB-Gastronomie; www.sommerrodeln.de.

Alternativ erfrischt der Naturbadeweiher am südlichen Ortsrand von St. Englmar.

Zurück im Schoß von Mutter Erde schließt sich ein Naturerlebnispfad mit Sinneshöhle an. Schautafeln erklären auf 25 Mitmachstationen, wie viel Steine wirklich wiegen oder welches Tier welche Fährte hinterlässt. Der »Pfad der optischen Phänomene«

Vom Waldwipfelweg reicht der Blick weit über die Donau.

überrascht nicht nur junge Abenteurer. Um die Sonnenterrasse des Woid-Wipfe-Häusls herum landen wir vor dem Ausgang bei den Gehegen mit Wallaby-Kängurus, südamerikanischen Alpakas und Lamas sowie alpenländischen Schwarznasenschafen.

**Haus am Kopf** Wie Neugierige bereits vor dem Eingang feststellen, steht dieses kuriose Gebäude komplett auf dem Dach. Wegen seiner zusätzlichen Längs- und Querneigung wird Besuchern darin gerne schummrig zumute. Die optischen Illusionen ermöglichen kuriose Bilder. Kleiner Tipp: Lassen Sie es beim Fotografieren wie einen Handstand aussehen!

# 23 Kreuzweg auf den heiligen Berg

## Bayerns älteste Marienwallfahrt

leicht | 1,75 km | 100 Hm | 0.45 Std.

**Tourencharakter**
Der stimmungsvolle Kreuzweg ist breit, überschaubar und gut zu finden, jedoch aufgrund der Höhenmeter mehr als ein kleiner Spaziergang

**Ausgangs/-Endpunkt**
Stadtplatz Bogen

**Geokoordinaten**
48.907358, 12.692505

**Anfahrt**
Auto: Nach Bogen über die A3 od. B20 od. via Mitterfels od. Hunderdorf
Bus: 30/31/32/34 (Schulbusverkehr)
Bahn: Waldbahn (500 m Anmarsch)

**Einkehr**
»Zur schönen Aussicht« an der Zufahrt Bogenberg (Mo/Di geschl.), Eisdiele Fontanella am Stadtplatz Bogen, Sandbiller-Metzgerei-Wirtshaus in Hunderdorf vor Windberg (So/Mo geschl.), gehobenes Restaurant Buchner in Welchenberg (8 km donauabwärts; Mo/Di geschl.)

**Karte**
Marco Polo Freizeitkarte Bayerischer Wald, 1:110 000

**Information**
Tourist-Info Stadt Bogen, Tel. 09422/505109, www.bogen.de

**Gläubige wie Neugierige pilgern zur Wallfahrtskirche Mariä Himmelfahrt auf den Bogenberg. Eine Einkehr anderer Art bietet der zauberhaft gelegene Biergarten. Beim Abstecher ins nahe Klosterdorf Windberg bereitet das mittelalterlich geprägte Ensemble wahrhaft himmlische Freuden.**

Bei unserer Wallfahrt zu Fuß auf den Bogenberg orientieren wir uns am Stadtplatz auf Höhe Eisdiele/Zebrastreifen bergwärts und folgen auf Asphalt zunächst dem Pilgerweg Nr. 10, dann dem Kreuzweg Nr. 11. Durch das Landschaftsschutzgebiet verläuft ein breiter Pfad gen Himmel. Kurz vor dem Ziel gabelt sich der Weg. Über den Treppen markiert ein Kreuz den Kalvarienberg. Parallel dazu strebt der Kreuzweg seiner Bestimmung entgegen. Vereinte Freude herrscht über den Blick, der über die Donau und den Gäuboden hinwegreicht. Kleiner Tipp: Das elftägige Gäubodenfest in Straubing ab dem zweiten August-Freitag ist das zweitgrößte altbayerische Volksfest gleich nach dem Münchner Oktoberfest!

Vom Kreuzweg pilgern wir durch die Gasse der historischen Verkaufsläden zum Friedhof und betreten durch die massive Seitentür die Kirche. Im Altarraum befindet sich die bayernweit am längsten verehrte Maria: das steinerne Gnadenbild der Muttergottes in der Hoffnung aus dem Mittelalter. Wer die Geschichte der Wallfahrt sowie der aus Bogen stammenden bayerischen Rauten erkunden will, besucht das Kreismuseum im ehemaligen Pfarrstadl (Ostern–Okt. Mi/Sa/So 14–16 Uhr, So auch 10–12

Uhr; Erw. 2 €, ab 6 Jahre 1 €). Die weltliche Einkehr mit dem vielsagenden Namen »Zur schönen Aussicht« liegt 300 Meter auf Asphalt donauabwärts.

Name und Programm: der Biergarten »Zur schönen Aussicht«

Bogenberg per Auto Wer von der A3-Ausfahrt Bogen in Richtung Süden fährt, biegt nach zwei Kilometern gemäß Pfeil zum Bogenberg ab. Kurz vor der Wallfahrtskirche passieren wir den Biergarten. Weiter halb rechts kurven Autofahrer ganz nach oben, halb links gelangen Spaziergänger zum Gnadenbild (300 m).

## Meine Badetipps

10 Kilometer donauaufwärts erfreut der Friedenhainsee mit Strandbad (Erw. 3 €, 6–16 Jahre 1,50 €) plus Wasserski- und Wakeboardseilbahn; www.friedenhainsee.de. Das ganze Jahr über lockt das AQUAtherm Straubing nahe Stadtzentrum Wasserratten an; www.stadtwerke-straubing.com.

Abstecher Windberg Von der Autobahn vier Kilometer in Richtung Norden erreichen wir auf dem Kamm das Klosterdorf Windberg (zuvor in Hunderdorf abbiegen). Die malerischen Häuschen stammen von Handwerkern, die einst für das Kloster wirkten. Im Inneren der aus romanischer Zeit stammenden Basilika begeistert der spätbarocke Altar. Kleiner Tipp: Von der Einsiedelei Heilig Kreuz oberhalb von Windberg erheischen wir einen Blick auf beide der Muttergottes geweihten Kirchen.

Linke Seite: Die Madonna der Wallfahrtskirche auf dem Bogenberg

# 24 Radeln rund um Bad Kötzting

## Stadt, Land, Regenfluss

mittel | 30 km | 450 Hm | 4 Std.

**Tourencharakter**
Flussnaher Radweg, darüber hinaus nette, hügelige Nebenstraßen; Markierung: Radwanderweg 17 (mit Lücken), zudem Bad Kötzting–Blaibach–Miltach »Lamer Winkel-Arberradweg«, Pfeile zum Höllensteinsee, Weißenregen–Steg »Fischerlweg I«

**Ausgangs/-Endpunkt**
Parkplatz am alten Bad in Blaibach

**Geokoordinaten**
49.163960, 12.809724

**Anfahrt**
Auto: Staatsstraße Bad Kötzting–Miltach, in Blaibach über den Regen und hinter den Gleisen rechts

**Einkehr**
Berggasthof Wieser Heitzelsberg, Alter Wirt Krailing (Mo geschl.), Seeblick übern Höllensteinsee, Zur Klause Weißenregen (Mi geschl.), in Blaibach vegetarischer Lieblingsplatz (Mo/Di geschl.) und Vesuvio (Do geschl.)

**Karte**
Kompass Nr. 195, Nördlicher Bayerischer Wald, 1:50 000

**Information**
Gästeservice Bad Kötzting, Tel. 09941/40032150, www.bad-koetzting.de

**Ebenerdig am Regen entlang sowie ab Miltach sportlich ins bezaubernde Hügelland hinein begeben sich Radfahrer auf dieser vielseitigen Tour rund um den Höllenstein- und Blaibacher See. Die Wallfahrtskirche Weißenregen über Bad Kötzting krönt die Runde nicht nur spirituell.**

Im Blaibacher Ortsteil Kreuzbach folgen wir dem »Lamer Winkel-Arberradweg« am südlichen Regenufer in Westrichtung bis Miltach. Dort angekommen, biegen wir auf Höhe Regensteg links in Richtung Haibach ab (Abstecher: 500 m hinter dem Steg am Bahnhof lockt die Waffelfabrik mit Café im umgebauten Waggon und Werksverkauf, außer So). Aufgepasst: Nach 400 Metern auf der aufgelassenen Bahntrasse lassen wir die Wandertafel links liegen und biegen nur einen Steinwurf weiter vor der Überführung links ab, wobei wir die gelbe Nr. 17 erst in der tiefer gelegenen Höhenrieder Straße zu sehen bekommen.

### Kürzer treten & Ausleihe

Weniger Geübte setzen besser auf ein E-Bike oder kürzen die Rückfahrt unterhalb von Krailing auf der alten Bahntrasse auf dem Regentalradweg in Pfeilrichtung Miltach ab (siehe gestrichelte Linie auf der Karte/insg. gut 20 km – 280 Hm – 3 Std.).

Tourenräder und E-Bikes verleiht die Tourist-Info Blaibach (Ortsmitte/Tel. 09941/945013), das Stodheisl in Bad Kötzting nur hochwertige E-Bikes (zentrale Herrenstraße/Tel. 09941/905141).

Bergan treten Pedalritter aus der Siedlung hinaus. Am oberen Ende des Hohlwegs weist Nr. 17 rechts zur B85. Die offizielle Route folgt der Bundesstraße 100 Meter bergan, ehe es halb links

Ziel von Pilgern und Pedalrittern: die Wallfahrtskirche Weißenregen über Bad Kötzting

in Pfeilrichtung Heitzelsberg weitergeht. Findige umgehen die Passage auf der Bundesstraße, indem sie den Rechtsschwenk auslassen und nur 20 Meter weiter hinter dem Transformatorhäuschen halb rechts in den Feldweg einbiegen. So oder so führt eine asphaltierte Nebenstraße via Anzenberg schweißtreibend hinauf nach Heitzelsberg. Wo es hinter Auwies Vorfahrt gewähren heißt, biegen wir nach rechts ab. Talwärts sausen wir durch Allmannsdorf. Auf Höhe Altwies geht es links (östlich) bergan. In Viechtafell ist die härteste Etappe geschafft: Gratulation!

Bergab durch Krailing hindurch spüren wir den Fahrtwind. Achtung: Am Ortsende biegen wir 200 Meter unterhalb des Feuerwehrhauses links ab, aber nicht zur alten Bahntrasse, sondern gemäß Pfeil zum Höllensteinsee über eine kleine Kuppe hinweg. Auf der Talfahrt zum Schwarzen Regen gilt es, den Pfeil nach rechts zu beachten. Zuletzt auf Splitt radeln wir zum Kraftwerk und überqueren es. Am anderen Ufer geht es dann auf Asphalt durch die Leite kurz ordentlich bergan. Wer sein Rad liebt, der schiebt …

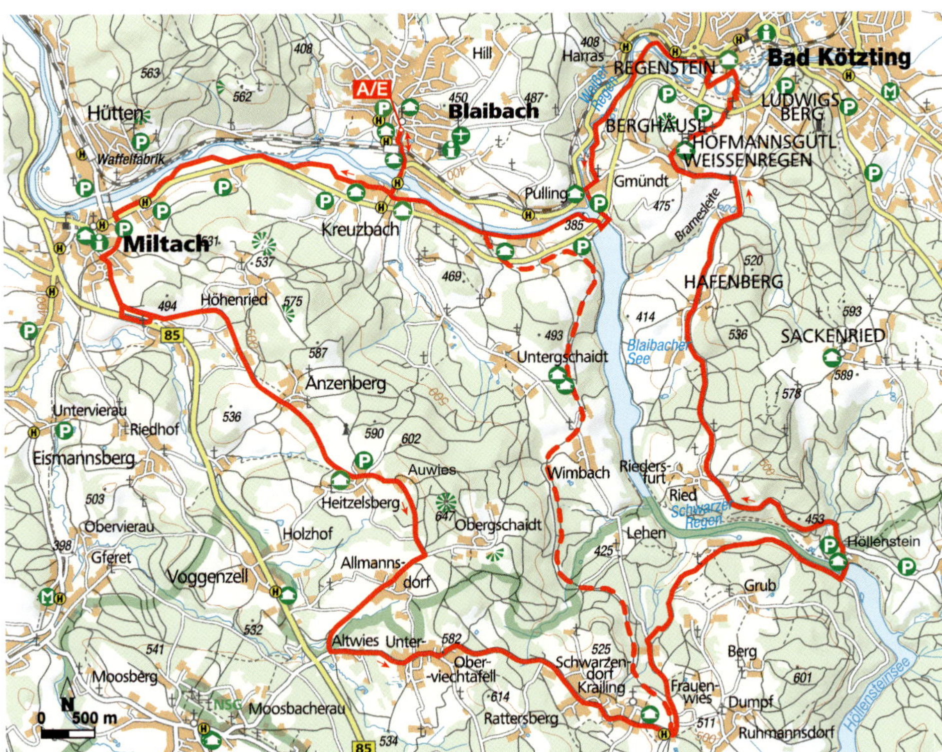

Hinterm Parkplatz zum Seeblick folgen wir dem Pfeil gen Bad Kötzting. Ein Stück weiter hinter Hafenberg, gerade wenn wir den Kurort und den Hohenbogen zu Gesicht bekommen, biegen wir nach links in Richtung Weißenregen ab. Im Ort geht es rechts ein kleines Stück bergauf zur Wallfahrtskirche Mariä Himmelfahrt, welche mit der dortigen Einkehr wie verwachsen wirkt. »Maria hat geholfen.« Diese gebräuchliche Inschrift auf Votivtafeln am Kircheneingang bezeugt, wie sich Gläubige durch ihre Gebete von der Muttergottes erhört fühlen. Der Altar im Inneren birgt das Gnadenbild, eine mittelalterliche Holzfigur.

Ein geschwungener Steg führt über den Blaibacher See

Vom Gotteshaus fahren wir einfach die Straße weiter. Wo diese talwärts in den Kreuzweg mündet, ist Schritttempo angesagt. Unter der Staatsstraße hindurch erreichen wir Bad Kötzting am Weißen Regen und queren den dortigen Steg. Am anderen Ufer biegen wir links ab, radeln um den Fußballplatz herum in Richtung Spielbank und umfahren das blaue Gebäude am besten linksseitig. Der folgende Pfeil nach Blaibach/Miltach weist unter der Straße hindurch. Ein Stück flussabwärts beim Kraftwerk Pulling unterqueren wir die Staatsstraße zweimal, dazwischen wird der Blaibacher See auf einem Steg überquert. Wer will, legt auf der Liegewiese beim Kiosk am Parkplatz eine Pause ein.

### Fahrspaß anderer Art

Ein buntes Vergnügen bereitet der beliebte Churpfalzpark in Loifling mit fetzigen Gefährten und farbenfrohen Gärten; Zufahrt von Blaibach 15 km nach Westen via Miltach und Zandt, Ende März–Anfang Okt. 9–18 Uhr, 3–5 Jahre 16 €, 6–15 Jahre 19 €, ab 16 Jahre 20 €, Eltern+2 Kinder 70 €, Tel. 09971/303 40; www.churpfalzpark.de

Eineinhalb Kilometer vor Blaibach fahren wir unter der alten Bahnbrücke (Anschluss Regentalradweg/Krailing) hindurch. Der folgende Campingplatz am Startort gehört zu den regionalen Kanuverleihen (Infos unter www.kanuverleih-camping-bayern.de). Kulturliebhaber werfen zum Abschluss in der Ortsmitte von Blaibach einen Blick auf das ungewöhnliche Konzerthaus.

# 25 Räuberhöhle unterm Kreuzfelsen

## Kaitersberg samt Kötztinger Hütte

mittel | 7,5 km | 340 Hm | 3.15 Std.

**Tourencharakter**
Verwurzelter, bisweilen sehr steiniger sowie schattiger Wanderpfad zur Räuberhöhle, zur Einkehr sowie zum Gipfel; talwärts Schotterpfade und Waldwege

**Ausgangs/-Endpunkt**
Wanderparkplatz Reitenberg

**Geokoordinaten**
49.183399, 12.910275

**Anfahrt**
Auto: Sternförmig Zubringer nach Bad Kötzting; in/aus Fahrtrichtung Lam im Osten von Bad Kötzting bei der Ampel in Richtung Reitenstein/Reitenberg abbiegen, dann 5 km bergauf

**Einkehr**
Kötztinger Hütte, Brauereigaststätte Lindner (von Reitenberg hinunter zur Ampel vor Bad Kötzting, dort links bis 500 m nach dem zweiten Kreisverkehr; So geschl.)

**Karte**
Kompass Nr. 195, Nördlicher Bayerischer Wald, 1:50 000

**Information**
Kur- und Gästeservice Bad Kötzting, Tel. 09941/4003 21 50, www.bad-koetzting.de

**Auf dieser Tour begeben sich Wanderer über Stock und Stein auf die Spur von Räuber Heigl und spüren auf dem Marsch zur Kötztinger Hütte den einstigen Unterschlupf von »Robin Wood« und seiner Geliebten auf. Darüber hinaus verspricht der schroffe Kreuzfelsen ein großartiges Gipfelerlebnis.**

Vom ausgeschilderten Parkplatz laufen wir 150 Meter auf Asphalt bergan bis zum ehemaligen Wirtshaus (linker Hand weitere Parkplätze). Hinter den verwitterten Totenbrettern, die an Wirtsleute der Familie Köppl erinnern, biegen wir an der Wanderkreuzung nach rechts ab. Rasch geht der Forstweg in einen rauen Wanderpfad über. Der Fichtenwald sorgt für Schatten. Hinter einer unscheinbaren Senke wird der Räuber-Heigl-Wanderweg (auch BK3/Goldsteig-»S«/grünes Dreieck) breiter und macht 200 Meter vor der kleinen Aussicht am Plattenstein einen Linksknick.

Der folgende Pfad führt deutlich bergwärts. Linker Hand tauchen bizarre Gneisgebilde auf. Die erste schroffe Wand, die ins Auge sticht, heißt Pfarrerstuhl. Unter der nächsten Felswand verrät ein hoch am Baumstamm angebrachtes Schild, wo die le-

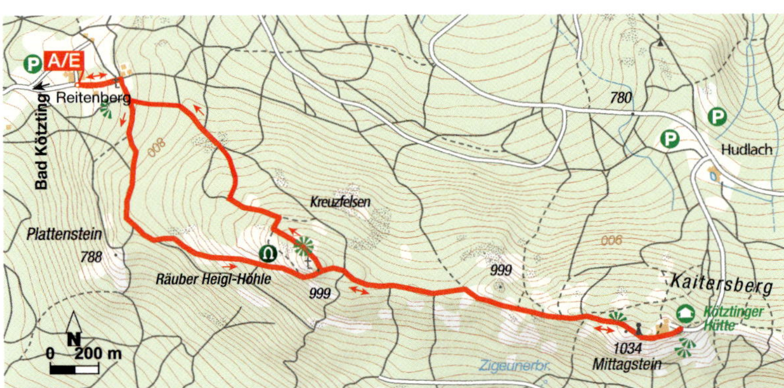

gendäre Höhle des Räubers Heigl versteckt liegt. Leicht erhöht befindet sich ein schmaler Einlass, ins Innere kommen Neugierige besser von der Seite entlang der schroffen Felswand neben grüngelben Schwefelflechten hinein.

Vielsagende Markierung

Oben links: Hier fand der Räuber einst Unterschlupf.

Oben rechts: Nomen est omen – der Kreuzfelsen.

Was die Geschichte von Michael Heigl betrifft, handelt es sich nicht bloß um eine »Räuberpistole«, sondern um eine wahre Begebenheit. In der Tat lebte der »Waidler« vor etwa 200 Jahren und kam schon früh mit der Obrigkeit in Konflikt. Da er auf seinen Beutezügen nur Reiche ins Visier genommen haben soll, betrachtet ihn manch Bettelarmer als eine Art Robin Hood. Während der Engländer der Sage nach im Sherwood Forest seine Maid Marian begehrte, liebte Michael Heigl seine Theres Pritzl aus Fleisch und Blut. Mit seiner rothaarigen Geliebten,

Mächtiger Gneis umrahmt den Aufstieg zur Räuberhöhle.

der »roten Res«, verschanzte sich der Räuber Heigl zehn Jahre lang am Kaitersberg, ehe ein Kumpan sein Höhlenversteck verriet. Die vom Gericht nach seiner Festnahme verhängte Todesstrafe wurde in eine lebenslängliche Kettenstrafe abgemildert. Doch ein Mithäftling erschlug ihn, sodass das Leben von Robin Hood aus dem Bayerwald – oder passender von »Robin Wood« – tragisch endete.

Zurück zur Wanderung: Von der Höhle führt unser Pfad weiter bergan. Wie hingeworfen wirken die Steine am Wegesrand. Nach einem Linksknick erreichen wir den Wanderknoten an der Kammlage. Dort lassen wir den Gipfel erst einmal links liegen, folgen u. a. BK3 nach rechts und erreichen in 45 Minuten über Stock und Stein kurz hinter dem Mittagstein die Kötztinger Hütte. Zum Glück bietet die beliebte Einkehr drinnen wie draußen viel Platz. Der Blick von der Terrasse reicht bis zum Osser-Doppelgipfel (1293 m).

**»Ganz besonders beeindruckt, wenn der Kaitersbergkamm aus den Wolken herausspitzt und das Tal weiß getüncht scheint.«**

**Rudolf Schmid (Gläserne Scheune)**

Gestärkt marschieren wir auf bekannter Strecke zurück zum Wanderknoten und nun von dort die letzten Schritte zum Gipfel. Nur 50 Meter weiter verrät der weiße Schriftzug den Durchschlupf »zum Kreuz«. Zwei Drahtseile helfen beim Aufstieg. Der Kreuzfelsen (999 m) als westlichster Gipfel am Kaitersberg ermöglicht einen atemberaubenden Blick über Bad Kötzting hinweg nach Westen, übers Zellertal nach Süden sowie auf den gesamten Bergrücken mit dem Großen Riedelstein (1132 m) im Südosten. Aufgepasst: In südliche Richtung fällt der Gneiskopf steil ab!

Ein Steinwurf vom Kreuz entfernt in Richtung Norden befindet sich ein Rastplatz. Direkt an Bank und Tisch vorbei orientieren wir uns auf BK3 talwärts und landen bei einem Fels mit Schwefelflechten, den wir ge-

## Badespaß pur

Die AQACUR-Badewelt in Bad Kötzting bietet Action und Entspannung. Während die 100-Meter-Rutsche den Nachwuchs begeistert und Papa im Wellenfreibad krault, lässt es sich Mama im Thermarium oder in der Saunawelt gutgehen (gestaffelte Preise, www.aqacur.de)

Vielversprechende Wegweiser zeigen zu Orten in allen möglichen Himmelsrichtungen.

mäß Markierung linksseitig umrunden. Dahinter empfängt die Wanderer ein weiteres Kruzifix. Es markiert den Punkt, an dem Fuhrleute mit Pferden das Gipfelkreuz brachten, ehe es alleine Menschenhand auf den Gneiskopf hievte.

Talwärts steigen wir auf dem teils ausgewaschenen Weg und achten bei den zahlreichen Gabelungen auf die weiß-roten Markierungen. Schließlich kommen wir neben dem bekannten ehemaligen Wirtshaus wieder auf Asphalt und vollenden die Runde.

# 26 Grenzgang im Künischen Gebirge

## Großer Osser ab Altlohberghütte

schwierig | 11 km | 550 Hm | 4.45 Std.

**Tourencharakter**
Äußerst vielseitige sowie erfreulich schwach frequentierte Runde, kurz nach dem Start fordernder Anstieg, in Kammnähe in puncto Steigung angenehmer zu gehen, mitunter aber sehr steinig (bei Nässe nicht zu empfehlen); Gipfelpassage erfordert Trittsicherheit

**Ausgangs/-Endpunkt**
Wanderparkplatz Altlohberghütte an der Scheibenstraße

**Geokoordinaten**
49.178380, 13.129170

**Anfahrt**
Auto: Vom Arber via Brennes in Richtung Lamer Winkel bzw. von Lohberg in Richtung Arber; ausgeschilderter Wanderparkplatz 300 m unterhalb des Hotel-Restaurants Kapitän Goltz
Bus: 590/6080

**Einkehr**
Osserschutzhaus, Kapitän Goltz, Einödhof Waldeck (siehe Tipp)

**Karte**
Kompass Nr. 195, Nördlicher Bayerischer Wald; 1:50 000

**Information**
Tourist-Info Lohberg,
Tel. 09943/94 13 13,
www.gemeinde-lohberg.de

**Weit ruhiger als vom Sattel (siehe Tour 27) lässt sich der beliebte Große Osser (1293 m) via Lohberger Steindl und dem bayerisch-böhmischen Grenzsteig erobern. Wer für diese bezaubernde Variante genügend Puste mitbringt, genießt die Natur abseits ausgetretener Pfade.**

Vom kleinen Wanderparkplatz folgen wir der schmalen Teerstraße in Pfeilrichtung Lohberger Steindl (Lo8). Hinter dem Haus Waldesruh wenden wir uns bergwärts. Kurz darauf lassen wir die Hotel-Gaststätte Kapitän Goltz links liegen, überqueren die Staatsstraße und marschieren halb rechts geradlinig in Richtung Kamm. Zweifelsohne fordert die frühe Passage im fichtendominierten Forst heraus. Im weiteren Verlauf wird der Aufstieg leichter. Auf einem Forstweg geht es sogar 150 Meter nach links minimal bergab, ehe uns Lo8 bergan über eine Lichtung bringt. Aus südlicher Richtung grüßt der Arberkamm.

Das Osserschutzhaus am Gipfel

Vom Lohberger Steindl geht es hurtig Richtung Grenze.

Nach rund einer Stunde erreichen wir das Lohberger Steindl. Ein Pfeil weist auf die über zehn Meter hohe Felskanzel, deren Fuß Schwefelflechten bedecken. Oben angekommen, beachten wir den steilen Abhang, bevor wir die herrliche Aussicht vom Großen Arber (1456 m) mit seinen aktiven Radarstationen bis hinauf zum Hohenbogen mit seinen nicht mehr im Einsatz befindlichen Gegenstücken unbeschwert genießen. Indes versteckt sich der Osser hinter Bäumen.

Ein zauberhafter Pfad, welcher weiter in Weiß-Rot, aber nicht mehr als Lo8 ausgewiesen ist, führt uns bergan auf almähnliches Gelände. Flott streben wir an von Menschenhand aufgeschichteten Steinmännchen

**Mein Einkehrtipp**

Wer hinunter nach Lam fährt (8 km), dort an der Ampel in Richtung Lissen und sogleich erneut links in die Schwarzeckstraße abbiegt, erreicht rund 3 km bergwärts auf einer Lichtung den bezaubernden Einödhof Waldeck (Fr/Sa/So 11.30–18 Uhr; www.einoedhof-waldeck.de).

vorbei der deutsch-tschechischen Grenze entgegen. Oben am Kamm ist zeitlich gesehen etwa der halbe Gipfelsturm geschafft. Wir wenden uns nach links und marschieren in Richtung Osser direkt an den weiß-blauen Grenzpfosten oder in ihrer unmittelbaren Nähe entlang. Kurz zeigt sich der Doppelgipfel in seiner ganzen Pracht und taucht dann erst wieder auf, wenn wir uns

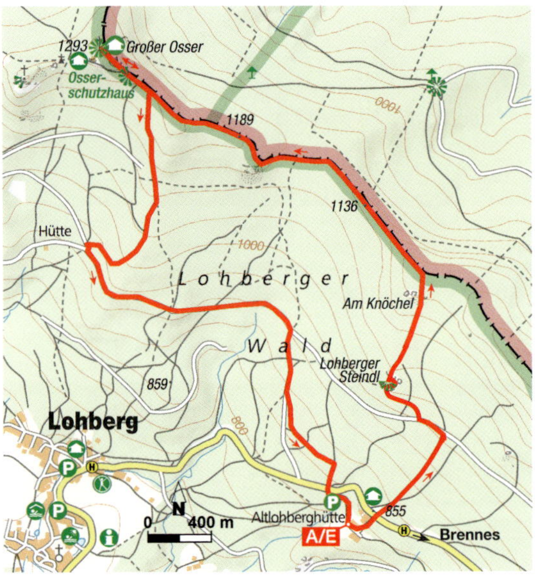

Ein steiniger Pfad führt zum hölzernen Gipfelkreuz.

ein ordentliches Stück weiter seinem Kreuz hinter teils lichtem und teils dichtem Wald nähern.

Wo die Landesgrenze über hohe Felszacken zu verlaufen beginnt, verläuft der weiß-rote Grenzsteig vereint mit Lo1 und blauem Goldsteig linksseitig um den schroffen Glimmerschiefer herum. Sogleich lässt sich erst der Kleine Osser halb links erspähen sowie einige Schritte weiter der Große Osser der Nase nach. An der Wand verzurrte Drahtseile geben an den schwierigsten Stellen Halt. Am Gipfel erwartet uns ein fantastischer Zwei-Länder-Rundblick. Einen Steinwurf unterhalb, im Osserschutzhaus, bedienen sich Durstige an der vorderen und Hungrige an der hinteren Theke selbst. Die Holzfigur draußen erinnert an den Osserriesen, der einer Sage nach in der Nähe sein Unwesen trieb.

Talwärts setzen wir auf der vom Aufstieg bekannten Strecke rund zehn Minuten auf Lo1/blauem Goldsteig/grünem Dreieck

(Fernwanderweg) zurück. Erst hinter den Felszacken entfernen wir uns vom Grenzkamm halb rechts bergab über sehr steiniges Gelände. Nach etwa einer Stunde treffen wir auf einen breiten Forstweg, biegen nach links ab und folgen nun Lo2. Dieser Forstweg schlängelt sich in etwa die Höhenlinie entlang, anfangs sogar minimal bergauf.

Ganz unten: Steinmännchen zieren unseren Wanderweg.

Der reizende Einödhof Waldeck (siehe Tipp S. 109)

Nach knapp einer halben Stunde weist Lo2 nach rechts gen Tal. Vom folgenden Forstweg orientieren wir uns keine zehn Minuten später gemäß Markierung halb links in den Wald hinein. Wiederholt heißt es, gut auf die rot-weißen Fähnchen zu achten, welche nach links weisen und uns daran hindern, erneut auf den Forstweg zu geraten. Wer alles richtig macht, taucht exakt beim Wanderparkplatz an der Scheibenstraße aus dem Wald auf. Wer doch wieder auf den Forstweg stoßen sollte, biegt einfach nach links ab und läuft neben der Staatsstraße ein paar Meter hoch bis zum Ausgangspunkt.

# 27 Ab Ossersattel empor

## Kurz und knackig aufs »Bayerwald-Matterhorn«

mittel | 6 km | 410 Hm | 2.45 Std.

**Tourencharakter**
Ein breiter Wanderweg führt aus dichtem Wald in baumfreie Höhen sowie hinein ins ausgezeichnete Geotop. Zwei fordernde Gipfelpassagen ermöglichen jeweils herrliche Aussichten.

**Ausgangs/-Endpunkt**
Wanderparkplatz Ossersattel 6 km nordöstlich von Lam

**Geokoordinaten**
49.208148, 13.087813

**Anfahrt**
Auto: Nach Lam via Eschlkam od. Hohenwarth od. Brennes/Lohberg; bei Tourist-Info nahe Ortsmitte zum Wanderparkplatz abbiegen sowie nach 3 km rechts in die Forststraße

**Einkehr**
Osserschutzhaus, Hotel zur Post am Marktplatz (Mi geschl.), Café zum Sahneberg (vor Regenbrücke Richtung Thürnstein, dort links 1 km durch die Siedlung hoch bis Berghäusl 1; Di geschl.)

**Karte**
Kompass Nr. 195, Nördlicher Bayerischer Wald; 1:50 000

**Information**
Tourist-Info Lam, Tel. 09943/777, www.lam.de

**Wer in Lam bergwärts blickt, den beeindruckt das markante Horn des vorderen der beiden Ossergipfel. Manche sprechen sogar vom »Matterhorn des Bayerwalds«. Der breite Weg hinauf mündet in zwei steinige Gipfelpassagen. Der dortige Glimmerschiefer zählt zu den 100 schönsten Geotopen in Bayern.**

Am Ossersattel beginnt an der Wandertafel der geschotterte Weg La1 am Teufelsritt vorbei bergwärts. Bevor wir nach maximal 45 Minuten eine Wanderkreuzung erreichen, gerät das Schutzhaus in Sicht. Wir biegen nach rechts ab, folgen La3 in Richtung Osserwiese und Kleiner Osser und verlieren die Gipfeleinkehr wieder aus den Augen. Von der Osserwiese reicht der Blick vom Hohen Bogen (1079 m) im Nordwesten bis zum Großen Arber (1456 m) im Süden. Beide Berge »zieren« Radarstationen. Kurz hinter dem oberen Ende der großflächigen Lichtung nehmen wir entweder den Kleinen Osser (1266 m) ins Visier oder peilen geradewegs den Großen Osser (1293 m) an. Wer sich für die weiß-rote Markierung nach rechts zum Kleinen Osser entscheidet, sollte zuletzt trittsicher sein.

> **»Der Osser hat eine Form, wie ein Berg für ein Kind aussehen muss.«**
>
> **Sabine Krone-Schmalz (Ex-ARD-Korrespondentin)**

Vor der Künischen Kapelle vereinen sich die beiden Varianten wieder. Bei der folgenden Kreuzung wenden wir uns nach rechts. Gleich nach der unbewirtschafteten Bergwachthütte betreten Wanderer überraschend alpines Gelände und steigen knapp 50 Höhenmeter durch die steinharte Formation bergan. Der Glimmerschiefer zählt zu den »100 schönsten Geotopen in Bayern«. Zuletzt führt unser Gipfelsturm direkt an der Grenze entlang, wovon weiß-blau markierte Pfähle zeugen. Kreuz und Einkehr liegen nur einen Steinwurf voneinander entfernt. Das Schutzhaus, das von unten mächtig wirkt, entpuppt sich als verwinkelte, urige Hütte. Darin holen sich Durstige und Hungrige an der ersten Theke Getränke sowie an der zweiten Ausgabe einfache Speisen. Auf der Sonnenterrasse verrät ein Grenzstein, dass sich zwei Tische bereits auf tschechischem Boden befinden.

Talwärts beachten wir den Einstieg zu La1 und steigen bis zur Bergwachthütte zurück. An der Kreuzung ein kleines Stück darunter halten wir uns erneut rechts. Der breite Weg führt fast schnurstracks sowie ab dem unteren Knotenpunkt auf bekannter Strecke talwärts. Dergestalt erreichen wir im Schatten der Fichten wieder den Parkplatz am Sattel.

Blick vom Großen Osser über den Kleinen Osser zum Kaitersberg

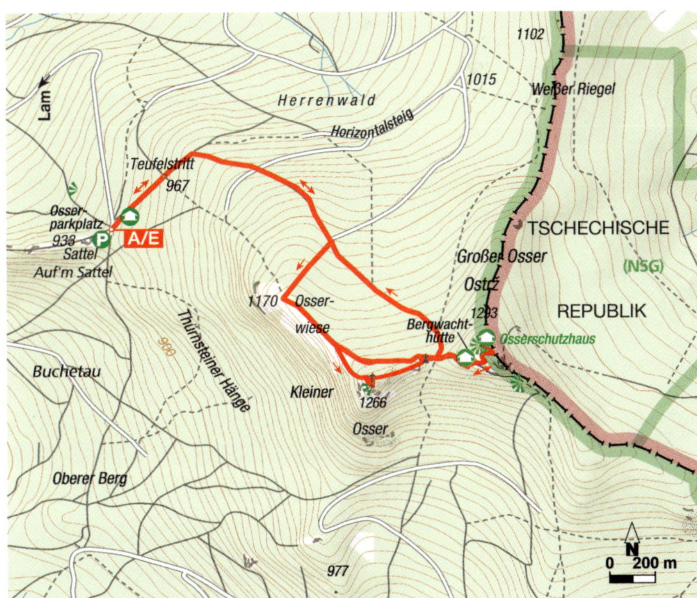


## Badetipps

Nach dem Gipfelsturm gefallen ganzjährig das Osserbad im Herzen von Lam (u. a. Erw. Sommer 7 €/Winter 8,50 €, Jugend 4/5,50 €, Familien 18,50/23 €; www.osserbad.de) oder der kostenfreie Seepark in Arrach.

# 28 Am Drachensee

## Die aufgestaute Chamb umrunden und ein Bad nehmen

| leicht | zu Fuß 5 km Rad 10,5 km | 20/80 Hm | 2 Std./1 Std. |
|---|---|---|---|

**Tourencharakter**
»Rundweg«: leicht gekiester, breiter Weg und Steg rund um bzw. über den See; »Blauer Radfahrer«: teils gekiest, teils asphaltierte Straße; es spenden jeweils nur wenige Bäume Schatten

**Ausgangs/-Endpunkt**
Parkplatz Freizeitufer, in Pfeilrichtung Drachensee hinter dem Ortsausgang von Furth nach der Kuppe rechts

**Geokoordinaten**
49.311146, 12.870025

**Anfahrt**
Auto: B20 bis Furth im Wald Ost od. via Rimbach od. Eschlkam

**Einkehr**
Mühlen-Café und Kiosk am Hafen (saisonal), Waldgasthof am Steinbruchsee (von Furth 4 km Richtung Bad Kötzting)

**Karte**
Kompass Nr. 195, Nördlicher Bayerischer Wald; 1:50 000

**Information**
Tourist-Info Furth im Wald, Tel. 09973/50980, www.furth.de

**Schön in die Landschaft eingebettet formt das Staubecken der Chamb den Drachensee. Spaziergänger umrunden die Freizeitoase mithilfe einer begehbaren Inselkette. Alternativ verläuft die ausgeschilderte Radler-Runde weiträumig um das Gewässer mit seinen hübschen Badebuchten herum.**

Zu Fuß unterwegs Gegen den Uhrzeigersinn lassen wir den Hafen links liegen und marschieren an den Liegewiesen vorbei nach Südosten. Aus der Ferne grüßt die Inselkette mit ihren Schwimmstegen. Gut 20 Minuten später beschreiten wir die ungewöhnliche Passage (nur ca. Mitte Apr.–Anfang Okt.; im Herbst wird der Steg abgebaut). Vom letzten der drei Stege erblicken wir hinter der Flachwasserzone in der Ferne den Großen Arber (1456 m) mit seinen Radarkugeln sowie den nahen Hohen Bogen (1079 m) mit dem ehemaligen Radar- und dem aktiven Sendeturm.

Am Nordostufer, in der Flachuferzone der Osbühler Bucht, verläuft der Weg der Natur zuliebe zurückversetzt sowie an einem Anwesen vorbei. Schließlich treffen wir nach einem Hauseck auf die Kreisstraße, welche wir umsichtig queren. Nur die folgenden 300 Meter rauscht der Verkehr zwischen uns und dem Drachensee dahin, bis wir den Asphalt erneut queren. Wer will, folgt vor diesem Seitenwechsel dem Pfeil zum Mühlen-Café mit Terrasse auf einem 200 Meter langen Abstecher.

Seeseitig führt der Rundweg geradewegs in Richtung Talsperre. Hinter der Staudammbrücke wird das Theatron erreicht sowie direkt am Wasser ein drachenkopfförmiger Aussichtsturm. Ein Stück weiter am Ausgangspunkt machen es sich Wasserratten und Badenixen auf den Liegewiesen beim Hafen kostenfrei gemütlich.

**Mein Eventtipp**

Der »Drachenstich« in Furth gilt als ältestes Volksschauspiel Deutschlands und läuft gut zwei Wochen lang im August. Neben den Festspielen begeistern der historische Festzug am zweiten August-Sonntag sowie das Mittelalterlager »Cave Cladium« ein Wochenende danach; www.drachenstich.de.

Radler-Runde Der See lässt sich auch mit dem Rad umrunden. Allerdings handelt es sich nur am Südufer um einen kombinierten Geh-/Radweg. So lassen Pedalritter im Unterschied zu Spaziergängern den Steg links liegen und umrunden zusätzlich die Flachwasserzone, teils mit deutlichem Abstand zum Ufer. Am Nordwest- und am Westufer verläuft der »blaue Radfahrer« auf Asphalt parallel zum oben geschilderten Gehweg.

Linke Seite: Nordöstlich von Furth im Wald erfrischt ein Bad im Drachensee.

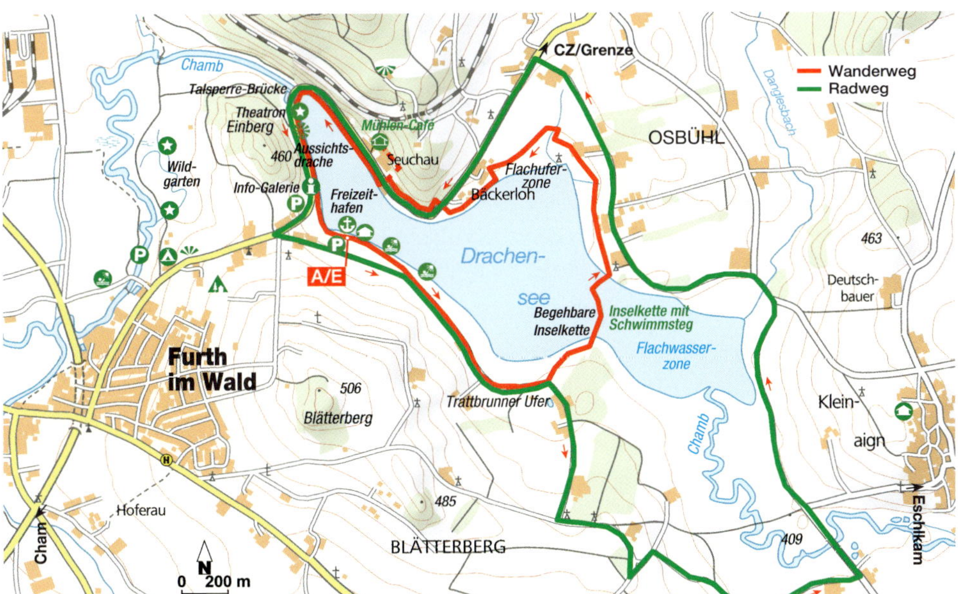

# 29 Trip ins Mittelalter

## Ruinen, Kirchen und Ausblicke rund um Bad Kötzting

leicht | 42 km (Auto) | – | 5–7 Std. (komplett)

**Tourencharakter**
Autofahrt in Etappen, Besichtigungen und Spaziergänge

**Ausgangspunkte & Geokoordinaten**
Chammünster: 49.211244, 12.694693; Lichtenegg: 49.240550, 12.873948

**Anfahrt & Strecke**
B20/85 nach Chammünster; Runding: B85 bis Kreisverkehr, dann Pfeilen folgen (9 km); Haidstein: von Runding in Richtung Bad Kötzting, in Lederdorn in Rechtskurve links in Riedstraße abbiegen, in Ramsried Richtung Furth und via Liebenstein zur Hütte (13 km); Lichtenegg: Richtung Furth in Madersdorf rechts abbiegen (9 km); Falknerei: via Rimbach nach Grafenwiesen (8 km); Kötzting: bei Falknerei hinten heraus via Krankenhaus (3 km)

**Einkehr**
Ödenturm Chammünster, Haidsteiner Hütte (Mo/Di geschl.); Kötzting: Zur Post (Mo/Di nur abends), Lindnerbräu (So geschl.), Wirtshaus Osl (Di/Mi geschl.)

**Karte**
Marco Polo Freizeitkarte Bayerischer Wald, 1:110 000

**Information**
Kur- und Gästeservice, Tel. 09941/40032150, www.bad-koetzting.de

**Südlich der Cham-Further Senke entdecken Neugierige auf einer Zeitreise eine Reihe von Überresten aus dem Mittelalter sowie stimmungsvolle Wallfahrtskirchen und Einkehrstationen. Bei der vorgeschlagenen Autofahrt kann sich jeder nach Gusto das Passende herauspicken.**

**Chammünster** Die Marienkirche gilt im Oberen Bayerwald als Urpfarrei. Nicht umsonst ziert ihr Bild das heutige Landkreiswappen. Von der mittelalterlichen Gründerzeit zeugen allen voran zwei romanische Taufbecken und ein verblichenes Totentanzfresko. Wer am Friedhof in der Nordostecke den sogenannten Karner aufspürt, erblickt durchs Gitter Tausende Schädel, die aus dem Mittelalter stammen.

Auf der Anhöhe knapp einen Kilometer in Richtung Bad Kötzting liegt der Ödenturm der ehemaligen romanischen Burg Chameregg aus dem 12. Jahrhundert. Der Parkplatz unterhalb gehört zum gleichnamigen Lokal, in dem Familie Hunger kulinarische Köstlichkeiten serviert. »Ein Bilderbuchgasthof« schreibt der Guide Michelin (Mo geschl., Di/Mi nur abends, So nur mittags; Reservierung Tel. 09971/89270).

**Runding** Die ehemals größte Burg im Bayerwald, welche vom Ödenturm aus erahnt wird, ist heute eine Ruine. Die Reste der Anlage aus dem 12. Jahrhundert wirken trotzdem imposant und geben einen Eindruck davon, wie die alten Rittersleut' einst hausten. Als Fleißaufgabe können wir dann noch das Gemäuer

Die Burgruine Runding reicht weit ins Mittelalter zurück.

auf dem Wall in rund zehn Minuten umrunden (Pfeil »Rundweg« folgen).

Haidstein Zuletzt auf einer Forststraße kurven wir hoch zum Parkplatz vor der Haidsteiner Hütte. Von dort spazieren wir in weniger als zehn Minuten durch den Laubwald hinauf zu St. Ulrich. Wer in die Wallfahrtskirche hineinwill, besorgt sich vorab den Schlüssel für die Empore in der Hütte. Das heutige Gotteshaus präsentiert sich eher schlicht, nur der Vorgängerbau stammt aus dem Mittelalter. Am 1. Mai ziehen Gläubige in einer Prozession auf dem Kreuzweg hierher, dessen letzte beide Stationen unseren Weg säumen. Nicht nur vom

## Meine Tourvariante

Ein alternatives Ensemble mit Wallfahrtskirche und Wirtshaus (Mo/Di geschl.) vermittelt der Lamberg bei Chammünster. Pluspunkt: der Blick in die Arberregion (ausgeschilderte Anfahrt ab Marienkirche 3,5 km).

Gipfelkreuz auf der Felskanzel reicht der Blick zurück nach Chammünster.

Lichtenegg (1,5 km – 60 Hm – gut 0.30 Std.) Wer in Madersdorf dem Pfeil in Richtung Forstdiensthütte Hohenbogen folgt, biegt 500 Meter weiter vor Hinterlichteneck bei den Totenbrettern erneut nach rechts ab und sucht sich am Waldrand eine

Nicht nur Wanderer peilen die Haidsteiner Hütte an.

Parknische. Ein weißer Pfeil weist vom Feldweg zum Waldpfad, an dessen Ende – keine 15 Gehminuten sanft bergan – die versteckt gelegene Ruine Lichtenegg im Blätterwald auftaucht. Wer durch die Festspielbühne durchschlupft, gelangt zum mächtigen Rundturm, der sich auf einer festen Holztreppe in schummrigem Licht erklimmen lässt. Oben reicht der Blick vom nahen Hohen Bogen bis in den Oberpfälzer Wald. Auf dem Rückweg verlassen wir das Gelände alternativ zwischen Bänken und Bühne, wenden uns am Kassenhäuschen nach links und folgen erneut Ri2, ehe uns bei der folgenden Kreuzung Ri13 nach rechts in insgesamt 20 Minuten zurück zum Auto führt (siehe Karte auf Seite 116).

**Greifvogelpark** Die mittelalterliche Entdeckungsreise krönt ein Besuch der artenreichen Falknerei bei Grafenwiesen; Besichtigung So–Fr 13–18 Uhr, ab 14 Jahre 5 €, 4–13 Jahre 3,50 €. Peilen Sie die zusätzliche Flugvorführung an, welche bei passender Witterung und ab 20 Zuschauern um 15 Uhr steigt; von Ende Apr.–Aug. außer Sa, Sep nur Di/Do/So, ab 14 Jahre 8 €, 4–13 Jahre 5 €, Familien 22 €; www.greifvogelpark-grafenwiesen.de.

**Bad Kötzting** Im Zentrum des Kneippheilbades steht die burgähnliche und bis ins Mittelalter zurückreichende Wehrkirche, die im barocken Stil erweitert wurde. Deckenfresken erinnern an den Kötztinger Pfingstritt, der seit 1412 stattfindet. Jahr für Jahr bekommen Zuschauer am Pfingstmontag an die 1000 ausschließlich männliche Reiter zu Gesicht. Der Zug führt ab 8 Uhr durchs Zellertal nach St. Nikolaus in Steinbühl und wieder zurück. Zwei Ideen zum Abschluss: Wie wäre es mit einem Rittergold oder einer Ritter-Weißen in der nahen Kleinbrauerei Zur Post in der Herrenstraße? Oder versuchen Sie echten Bayerwald-Whisky in der Brennerei/Destillerie Liebl in der Jahnstraße (Mo–Sa ab 9 Uhr, www.brennerei-liebl.de; ca. 2022 Umzug).

Gipfelkreuz am Haidstein

Links: Der Rundturm von Lichtenegg kann bestiegen werden.

# 30 Von der Hölle zum Schlosspark

## Zwischen Brennberg und Falkenstein

mittel | 4 km | 90 Hm | 1.30 Std.

**Tourencharakter**
Hölle: beliebte, teils holprige Wege, Einstieg/Ende Asphalt; Falkenstein: teils Spaziergang, teils eng und steil

**Geokoordinaten & Ausgangspunkte**
Hölle (Wanderparkplätze Postfelden, Abzweigung Dosmühle): 49.078497, 12.436465; Falkenstein (Burgparkplatz): 49.099826, 12.482894

**Anfahrt**
Auto: Zur Hölle (zwischen Rettenbach und Brennberg) aus Norden über Falkenstein, aus Südosten via Wiesenfelden, aus Südwesten via Wörth/A3; nach Falkenstein viele Zubringer; Bus: U. a. »Radlbus« ab Regensburg

**Einkehr**
Hirschberger Holzofenkuchl Brennberg (Mo/Di geschl.), Hofstube Röhrenhof südlich Stausee (Mo/Di geschl.), Rettenbacher Hof im Ort nahe Kirche (Mo geschl.), Burgschänke (Mo/Di/Mi geschl.)

**Karte**
Kompass Wanderkarte Nr. 176, Regensburg und Umgebung, 1:50 000

**Information**
Tourismusbüro Falkenstein, Tel. 09462/942220, www.markt-falkenstein.de

**Eingebettet in den Falkensteiner Vorwald liegt das Naturschutzgebiet Hölle. Eine bezaubernde Runde führt vom Weiler Postfelden am Höllbach entlang. Als Entrée oder Zugabe eignet sich der märchenhafte Schlosspark im nahen Markt Falkenstein. Auch dort begeistert steinharter Granit.**

Auf der asphaltierten Nebenstraße begeben wir uns in Pfeilrichtung Dosmühle. Die Abzweigung zum Höllbachhof lassen wir rechts liegen, absolvieren also den »Rundweg Hölle« (auch Nr. 149) im Uhrzeigersinn. Aus der Ferne grüßt die Burgruine Brennberg, deren Aussichtsturm kostenfrei erklommen werden darf. Auf Höhe des Anwesens mit dem Firstgockel zweigen wir links in den Feldweg ab, der bergab in einen herrlichen Waldpfad übergeht. Am tiefsten Punkt der Tour treffen wir auf den

Höllbach und marschieren an dessen rechtem Ufer mit mehr oder weniger Abstand entlang. Nahe Dosmühle queren wir die Asphaltstraße und folgen vor der Brücke den Pfeilen nach rechts. Führt der Höllbach ordentlich Wasser, hören wir ihn nun richtig rauschen. Das ist leider nicht immer so, denn an Staustufen im Oberlauf wird Wasser zugunsten der Stromerzeugung abgezweigt.

Ein Steg bringt trockenen Fußes über den Höllbach.

Linke Seite: Wo sich zwei Blöcke breiten, wird es eng.

Auch wo der Pfad erhöht verläuft, bleibt das Gewässer in Sicht. Über den folgenden Holzsteg mit Geländer, welchen wir nach rund 45 Minuten erreichen, wechseln wir ans andere Ufer. Dort wirkt das Höllbachtal wie eine kleine Klamm. Nachdem wir zwei Zuläufe auf je einem Steg ohne Geländer queren – zuletzt den Ruderszeller Bach –, erreichen wir das Herzstück der Schlucht. Das moosbewachsene Blockmeer und die morschen Baumstämme wirken wie von einem Riesen ins Bachbett ge-

worfen. In Ufernähe führt unser Pfad zwischen zwei nebeneinander aufragenden Felsen hindurch.

Kurz nachdem wir den Höllbachhof auf der anderen Seite des Wildwassers erspähen, geht es Schritt für Schritt aus dem Wald hinaus ins Freie. Aufgepasst: Wir bleiben dicht an der linken Uferseite, bis wir über einen breiten Steg hinweg die Zufahrt zum Anwesen erreichen. Erst dort schwenken wir nach links und erreichen auf einem Feldweg den Asphalt. Erneut nach links marschieren wir auf der vom Einstieg bekannten Teerstraße zurück.

Zugabe Falkenstein (ca. 2 km – 100 Hm – 1 Std.) Nur fünf Kilometer von der Hölle entfernt, begeistert der Schlosspark Falkenstein. Dank beeindruckender Wollsackverwitterung erwartet uns im verwunschen wirkenden Wald eine Entdeckertour mit versteckten Durchlässen. Über dem urwüchsigen Naturschutzgebiet thront die gleichnamige Burg. Von der Vorburg geht es durch das Tor in die Hauptburg, zur Schänke sowie zum Aussichtsturm. Wer passend zahlt (50 ¢), passiert das unbestechliche Drehkreuz und genießt den großartigen Rundblick.

Für eine Runde durch den Park steigen wir von der Burgstraße die Stufen zur Kapelle hoch. Um das Gotteshaus herum geht es bergab auf kurzer, steiler Holztreppe sowie über Stock und Stein in Schlangenlinien mitten durch die folgende Felsformation hindurch. Wo der Pfad auf einen breiten Weg trifft, wenden wir uns nach links und folgen den grünen Schildern »Rundweg« gegen den Uhrzeigersinn. Durch den »Schiefen Stein« hindurch gelangen wir ins Herzstück des Parks. Die folgende Felsformation erinnert an ein Froschmaul. Ihm entwischt, beachten wir das Schild »Ausweichweg über Hohlen Stein zur Burg«. Dieser einfache Pfad führt nahe am Parkrand entlang zunächst durch das Steinerne Gässchen. Der angekündigte »Hohle Stein« entpuppt sich als Höhle.

### Mein Tipp für Fernost-Fans

Religiöse Erfahrungen jenseits des Christentums sammeln Besucher im buddhistischen Nepal-Himalaya-Pavillon nördlich von Wiesent (von Brennberg 7 km in Richtung A3; Mai–Anfang Okt. Mo/So ab 13 Uhr, zudem 1. Sa im Monat und alle Sa im Aug., Erw. 10 €, 6–16 Jahre 2 €, Hauptparkplatz 2 €, Waldparkplatz frei; www.nepal-himalaya-pavillon.de)

Treppauf lassen wir das Herzbeutelgässchen links liegen. Achtung: Zurück am Parkplatz können wir eine weitere Runde drehen, wenn wir kurz in Richtung Burg gehen und dann gemäß Markierung zum »Himmelssteig« links abbiegen. Über den

Ganz unten: Granit im Schlosspark

Burg Falkenstein über dem gleichnamigen Marktflecken

»Teufelssteg« hinab landen wir zum zweiten Mal im Froschmaul. Nun orientieren wir uns zweimal hintereinander nach links und halten nach dem verborgenen Zugang zur »Himmelsleiter« Ausschau. Um deren Pforte zu durchschreiten, müssen wir uns durch eine Felsspalte zwängen! Versteckt dahinter bringen uns 30 Holzsprossen dem Paradies sportlich näher. Sodann schreiten wir durch das Herzbeutelgässchen und gelangen linker Hand erneut zum Parkplatz. Kleiner Tipp: Am Marktplatz nach rechts geht es zum örtlichen Freibad.

# Zugabe

***Einer Studie des Bayerischen Rundfunks zufolge*** *gelten die Niederbayern, zu denen fast alle »Waidler« gehören, landesweit als Paradebayern – und zwar in Bezug auf Heimat- und Naturverbundenheit, Tradition und Geselligkeit. Für die benachbarten Oberpfälzer im Norden des Mittelgebirges können wir getrost dasselbe annehmen.*

***In der Tat*** *geht es zwischen Donau und tschechischer Grenze vielerorts noch weit gemütlicher zu als anderswo. Wer also ein Lied davon singen kann, bei der Fahrt in die Alpen von München aus am Irschenberg im Stau zu stehen, fühlt sich im Bayerischen Wald im Osten des Freistaats garantiert richtig wohl. Und was für Menschen zählt, gilt auch ein Stück weit für Tiere. So meldete der Bayerische Rundfunk im Sommer 2017 die Sichtung von drei Welpen und damit den ersten Wolfsnachwuchs auf freier Wildbahn im Freistaat seit 150 Jahren! Um selbst eine Reihe von Wildtieren zu erleben, empfiehlt sich wiederum ein Besuch der großräumigen Gehege und Volieren der zwei Nationalparkzentren (siehe Tour 2 und 7).*

***Zu guter Letzt*** *gilt gestern, heute und morgen: Summt der Wind ein leises Lied, wiegen sich die Fichten, in deren Wipfeln die himmlische Vogelschar zwitschert. Während der eifrige Specht beim naturnahen Klangzauber am Baumstamm den Takt klopft, spenden die tanzenden Kaskaden quellfrischer Wildwasser rauschenden Beifall. So erleben Jung und Alt im Bayerischen Wald ein lebendiges Konzert der Natur und schöpfen ordentlich Kraft, um ein aktives Leben zu führen.*
*Herzliche Grüße, vielleicht treffen wir uns unterwegs,*

*Ihr*

# Register